聚焦重要概念的生物学单元教学研究丛书

丛书主编　周初霞

聚焦重要概念的生物学单元教学课例研究

遗传与进化

周初霞　盛国跃　王红梅　周丽婷
赵文浪　林　伟　徐建忠　张小芳　张佳美　著

浙江科学技术出版社

图书在版编目(CIP)数据

聚焦重要概念的生物学单元教学课例研究.遗传与进化/周初霞等著.—杭州：浙江科学技术出版社,2021.12 (2022.8重印)

(聚焦重要概念的生物学单元教学研究丛书)

ISBN 978-7-5341-9676-8

Ⅰ.①聚… Ⅱ.①周… Ⅲ.①生物课－教学研究－高中 Ⅳ.①G633.912

中国版本图书馆CIP数据核字(2021)第114784号

丛 书 名	聚焦重要概念的生物学单元教学研究丛书
本册书名	聚焦重要概念的生物学单元教学课例研究　遗传与进化
丛书主编	周初霞
著　　者	周初霞　盛国跃　王红梅　周丽婷　赵文浪　林　伟 徐建忠　张小芳　张佳美
出版发行	浙江科学技术出版社 杭州市体育场路347号　邮政编码：310006 办公室电话：0571-85176593 销售部电话：0571-85176040 网址：www.zkpress.com E-mail: zkpress@zkpress.com
排　　版	杭州万方图书有限公司
印　　刷	杭州富阳正大彩印有限公司
开　　本	787×1092　1/16　　印　张　9.5
字　　数	190 000
版　　次	2021年12月第1版　　印　次　2022年8月第2次印刷
书　　号	ISBN 978-7-5341-9676-8　　定　价　58.80元

版权所有　翻印必究

(图书出现倒装、缺页等印装质量问题，本社销售部负责调换)

责任编辑	陈潇潇　曹梦洁	责任校对	张　宁
责任美编	金　晖	责任印务	叶文炀

丛书总序

　　基础教育改革已经进入内涵发展的新时代。本次课程改革系统而全面地建构了核心素养的教育理念，从学生发展素养，到体现各学科特点的学科核心素养，再到根据学科核心素养发展水平和相应内容研制的学业质量标准，可以说从学理上完成了对核心素养这一理念的建构。现如今，怎样基于核心素养的发展要求实现课堂教学的根本转型，已成为每位基础教育工作者需要回答的命题。

　　"创新"是浙江精神的关键词，浙江省的课程改革一直走在全国的前列。浙江省教育厅教研室的教研员们更是以智慧和勇气矢志改革、锐意探索，掀开了浙江省基础教育崭新的一页。我省高中生物学学科教研员、特级教师周初霞老师就是一个很好的典范。她所领衔的团队针对一线教师普遍关注而又感到困惑的关键问题，如什么是大概念，为什么要聚焦大概念，如何开展基于大概念的单元整体教学，从理论和实践层面进行了大胆探索，并组织编著了"聚焦重要概念的生物学单元教学研究丛书"。

　　本套丛书不仅反映了他们在课堂改革的道路上所做的种种努力与探索，记录了他们在课程改革中坚持不懈的心路历程，更为学科育人找到了一个正确的打开方式。细细读来，多有启示。

　　一是着眼素养为本的课程理念，诠释并演绎了教学范式。核心素养是育人目标，学科核心素养则是学科育人目标的具体化。学科核心素养的本质是学科思维，经验化和结构化的"大概念"或"大观念"是理解的锚点，是学科思维的支撑点。据此，周初霞老师的团队聚焦生物学重要概念探索单元整体教学，开展了"教学设计""课例研究"和"范式研究"三个系列的研究，并将研究成果以丛书的形式呈现给读者。其中"教学设计"系列，从重要概念的视角重构了教材中的单元学习主题，探索了核心素养导向的单元整体教学设计框架。本系列是研究的雏形。"课例研究"系列，从聚焦重要概念的视角进行了单元教学的课堂实践。结合具体课例，研究单元重要概念的解构、学习目标的制订、学习情境的创设、学习活动的设计、学习评价的实施等操作指南。本系列是理论走向实践的行动改进。"范式研究"系列，提炼了"境脉架构模式""五构概念教学法"等聚焦重要概念的单元整体教学范式。本系列是研究的理论发展。

　　二是立足学科育人的基本内涵，探索并创新了思维课堂。核心素养的发展要以学习方式的转变为关键，而学习方式的改变核心是思维方式的改变。中国工程院院士钱旭红认为："能力增长不仅仅靠知识，而更靠运行知识的逻辑——思维是否足够自由多样。单靠知识改变不了命运，改变命运需要用思维架构起知识，从而支撑起有高度和强度的人生大厦。思维晋级是最好的学习和成长。"因此，周初霞老师的团队立足学科思维的课堂转型，努力指向学习方式转变，基于"情境—问题—任务—活动—评价"的学习主线，引导学生从被动学习走向主动学习。在研究方法上，他们注重实证性的课例研究，通过观课、录课、评课、磨课、改课，努力提升课堂的教学效益。在研讨与交流中，他们经历了情感的交融、思维的碰撞、观念的转变、理念的提升。

三是借助教育科研的演进机制，丰富并发展了单元整体教学的理论内涵。他们将理论紧密联系实际，在教学中研究，在研究中行动，在行动中反思，在反思中丰富理论。在研究视域上，他们既立足单元整体教学实践，又探索"单元"与"课时"的有效衔接，既具有整体视野又微观深入。他们注重局部的深度研究，通过"目标与评价""情境与问题""活动与评价"等视角，探索将生物学学科核心素养落实在课堂教学中的理论范式。经过近六年的研究与实践，他们提出"创设单元境脉，统领课时学习""应用'五构概念'教学法，确保课时聚焦单元"等衔接路径，帮助学生形成"整体感知—部分剖析—整体反思"的思维方式，改善传统课时教学中存在的学习碎片化和浅表化的现象，注重学科整体组织化、结构化知识的建构，从浅层学习走向深度学习。同时，他们的研究还破解了从概念教学到观念培育的瓶颈。在理论层面，厘清了生命观念的内涵、外延及形成的路径。在实践层面，建构了行为导向的生命观念培育模式，为教师培育生命观念提供了支架。基于此，他们总结形成了高中生物学"一脉三维五构"单元整体教学理论体系，丰富了整体教学理论内涵。

综观本套丛书，理论、实践、案例相互交织，有机融合，层次分明。世界是整体的，万物在一个整体的世界中有序地生长。本套丛书契合了整体发展的世界观。周初霞老师及其团队的单元整体教学研究成果，已在浙江省高中生物学教学实践中全面铺开，并向全国推广。我们期待着他们能坚守教育初心，不懈努力，取得更加丰硕的、能把发展核心素养这一蓝图变为现实的成果。

是为序。

浙江省教育厅教研室主任
教育部基础教育教学指导委员会委员　任学宝
浙江省特级教师协会副会长兼秘书长
2021年4月于杭州

前　言

　　新课程改革，课堂转型是关键。指向学科核心素养的课堂教学如何转型？如何使学科核心素养在课堂教学中真正落地？这是广大教师最为关心的问题，也是新课程改革最为艰巨的关键问题。

　　落实核心素养需要从"课时"教学转向"单元整体"教学，因为单元整体教学以落实生物学重要概念所承载的学科核心素养为导向。单元整体教学有利于培育学生的学科核心素养，契合了学科核心素养的形成不是一蹴而就的，需要一个较长的过程才能形成这一特点；有助于教师突破"只见树木不见森林"的课时思维，转变教师只注重零散知识点落实的传统课堂教学理念，帮助教师从"长时段"整体筹划学科教学，注重学科整体组织化、结构化知识的建构，从而实现从"教师的教"转变成"学生的学"，从学习"知识"转向发展"素养"，从学科"教学"转向学科"教育"。

　　我们开展了"聚焦生物学重要概念的单元整体教学研究与实践"。在研究过程中，我们深刻体会到宏观的课程理念只有与微观的真实课堂结合起来才有丰富的生命活力，否则"课程标准""核心素养"只会是"空中楼阁"。因此，我们对教学中的"真实问题—对策—行动—反思"开展了课例研究。

　　我们从独立的课时备课走向集体的整体备课。整体备课从以下"四个层面"开展：一是课程（课程标准）层面，分析生物学学科观点、核心素养以及模块间的逻辑关系；二是模块层面，分析模块教学内容，列出模块体现的学科观点与大概念；三是单元层面，以重要概念为主题，设计单元目标、真实学习情境与核心问题、评价方法等组成的单元课程；四是课时层面，思考本节课的核心问题，围绕次位概念组织教学，为单元重要概念形成做出"贡献"。参与四个层面整体备课的教师认为收获丰厚。例如，课题组成员嘉善高级中学王红梅老师，基于子课题研究，依托名师工作室，开展了区域性、主题化的整体备课，并实施了上课与磨课、反思与调整、再上课与反思等环节的课例实践。参与整体备课的一位年轻教师深有体会地说，这样的一个主题单元教学研究，比他一年的教学工作收获还大。

　　我们在深入研究《普通高中生物学课程标准（2017年版2020年修订）》（简称"课程标准"）和《普通高中教科书·生物学　必修2　遗传与进化》（简称"必修2模块"）的基础上，重构了五个重要概念为本模块的单元教学主题。本书涉及的重要概念具有学科属性，它是以高中生物学作为研究范畴，以爱利克·埃里克森重要概念界定为基点，结合课程标准，指处于生物学学科中心地位，对生命基本规律、现象、理论等的理解和解释，对一般生物学事实和概念具有高度概括性，相互联结构成生物学学科骨架的概念性知识。

基于这五个重要概念的单元整体教学课例研究，我们从"单元整体""概念教学""核心素养"等视角进行了立体式的探索与实践，建构了聚焦重要概念的单元教学"操作指南"，撰写了本书。首先，我们从整体上对单元目标、教学策略、教学评估进行设计，包括单元教学分析、单元概念解构、单元目标、单元教学思路等内容。然后，我们进行了课时教学实践，并呈现给读者"课时教学实例"。具体栏目解读如下：

"单元教学分析"结合课程标准和教科书等教学资源，深入解读本单元概念教学内容，并厘清其在模块中以及跨模块学习中的地位。同时对学生学习本单元重要概念的"前概念"知识、认知特点和规律等因素进行分析。

"单元概念解构"以本单元重要概念为中心，分析重要概念的上、下位概念和相关的平行概念之间的关系，并建构框架图。这是学生学习本单元的"锚点"。

"单元目标"包括"学习目标"和"评价目标"。"学习目标"聚焦单元重要概念的建构，引导、帮助学生发展科学思维等学科核心素养。目标的表述包含行为主体、行为动词、行为条件、行为标准等要素。"评价目标"指向学科核心素养四个维度的不同水平，评估学生在真实性任务中的不同表现。评价目标与教学目标保持一致性，以落实"教—学—评"的一致。

"单元教学思路"是基于单元整体学习情境和核心任务，设计本单元课时教学的"情境—任务—活动—评价"等规划。这是学生学习本单元的"学习图谱"。

"课时教学实例"主要包括课时概念解析、课堂教学实录（为帮助读者观看与研讨，随书配有视频二维码）及专业点评、教学反思与总体评析等内容。

本书最大的亮点是读者在阅读的同时能观看教学实录，读者可以凭借自己的判断，取其中有理、有用之处，也充分关注其中必然存在的问题，借此反思当下的单元整体教学实践——共性的和个体的、表象的和深层的方面，最终使单元整体教学的"操作支架"得到重新整合，重构单元整体教学的意义，进而改进自己的实践，让自身受益，更让我们的学生受益。

在课例开发过程中，我们得到了多方领导、校长、专家和教师的大力支持，在此深表感谢！

诚然，聚焦重要概念的单元整体教学是一个常研常新的重要课题，我们旨在抛砖引玉，引发广大教师对这一重要课题的深入思考与探索。由于作者水平有限，书中存在疏漏之处在所难免，敬请读者不吝赐教。

周初霞
2021年5月于杭州

目 录

单元1 基因的分离和自由组合导致后代的基因组合有多种可能 ………… 1

　一、单元教学分析 ………………………………………………………………… 1

　二、单元概念解构 ………………………………………………………………… 1

　三、单元目标 ……………………………………………………………………… 2

　四、单元教学思路 ………………………………………………………………… 3

　五、课时教学实例 ………………………………………………………………… 4

　　　课时1、2　性状分离的原因是等位基因的相互分离 ……………………… 4

　　　课时3、4　性状自由组合的原因是非等位基因的自由组合 ……………… 10

　　　课时5　基因分离和自由组合使得子代基因型和表型有多种可能 ……… 17

单元2 有性生殖过程中基因随染色体分离和重组 ………………………… 23

　一、单元教学分析 ………………………………………………………………… 23

　二、单元概念解构 ………………………………………………………………… 23

　三、单元目标 ……………………………………………………………………… 24

　四、单元教学思路 ………………………………………………………………… 25

　五、课时教学实例 ………………………………………………………………… 27

　　　课时1　染色体通过配子传递给子代（1） ………………………………… 27

　　　课时2　染色体通过配子传递给子代（2） ………………………………… 32

　　　课时3　基因伴随染色体传递 ……………………………………………… 38

　　　课时4　性染色体上基因的传递和性别相关联 …………………………… 45

单元3　亲代传递给子代的遗传信息主要编码在DNA分子上 ·············· 52

一、单元教学分析 ·· 52
二、单元概念解构 ·· 52
三、单元目标 ·· 53
四、单元教学思路 ·· 54
五、课时教学实例 ·· 56
课时1　多数生物的基因是DNA分子的功能片段 ····························· 56
课时2　DNA双链上的碱基排列顺序编码了遗传信息 ······················· 64
课时3　DNA分子通过半保留方式进行复制 ································· 70
课时4　DNA分子上的遗传信息通过RNA指导蛋白质的合成（1）········· 75
课时5　DNA分子上的遗传信息通过RNA指导蛋白质的合成（2）········· 81
课时6　生物体存在基因碱基序列不变但表型改变的表观遗传现象 ········· 87

单元4　由基因突变、染色体变异和基因重组引起的变异是可以遗传的 ··· 94

一、单元教学分析 ·· 94
二、单元概念解构 ·· 94
三、单元目标 ·· 95
四、单元教学思路 ·· 96
五、课时教学案例 ·· 98
课时1　基因突变可能引起性状改变 ··· 98
课时2　基因重组使子代出现变异 ·· 102
课时3　染色体畸变可能引起性状改变 ······································· 106
课时4　生物变异在生产生活上的应用 ······································· 110
课时5　人类遗传病是可以检测和预防的 ····································· 113

单元5　生物的多样性和适应性是进化的结果 ······························· 119

一、单元教学分析 ··· 119
二、单元概念解构 ··· 119

三、单元目标 ·· 120
四、单元教学思路 ·· 121
五、课时教学实例 ·· 123
  课时1 丰富多样的现存物种来自共同祖先 ·· 123
  课时2 适应是自然选择的结果（1） ·· 125
  课时3 适应是自然选择的结果（2） ·· 130
  课时4 生物多样性为人类提供资源与适宜环境 ·· 136

主要参考文献 ·· 141

单元 1

基因的分离和自由组合导致后代的基因组合有多种可能

专家解读

一、单元教学分析

遗传现象是生物界普遍存在的自然现象，遗传学基本定律是现代遗传学和现代生命科学发展的基础。遗传学的奠基人孟德尔提出控制生物性状的基因独立存在，基因通过分离和自由组合使得子代的基因型和表型有多种可能的遗传学说，从本质上解释了生物遗传性状的多样性。利用遗传规律，人们可以分析某些遗传现象，预测遗传病的发生，从而促进经济与社会的发展，增进人类健康福祉。

经过《普通高中教科书·生物学　必修 1　分子与细胞》（简称"必修 1 模块"）的学习，学生已经建构了"细胞是生物体结构与生命活动的基本单位""细胞的生存需要能量和营养物质，并通过分裂实现增殖"这两个大概念，并初步形成了结构与功能观、物质与能量观等生命观念，同时具备一定的"模型与建模"科学思维。本单元作为必修 2 模块的开篇，教师可以借助经典遗传学科学史引导学生分析遗传现象背后的实质，发展学生的科学思维和科学探究能力，逐步形成进化与适应观；通过对遗传规律在生产、生活实际中应用的讨论，提升学生的社会责任。

二、单元概念解构

本单元聚焦课程标准中的次位概念"有性生殖中基因的分离和自由组合使得子代的基因型和表型有多种可能，并可由此预测子代的遗传性状"，我们将这一概念作为本单元学习的重要概念。必修 1 模块中"细胞会经历生长、增殖、分化、衰老和死亡等生命进程"是本单元的学习基础，本单元又是学生学习"进行有性生殖的生物体，其遗传信息通过配子传递给子代"这一次位概念的基础，这两个概念共同支撑重要概念"有性生殖中基因的分离和重组导致双亲后代的基因组合有多种可能"的学习。本单元也为学生学习重要概念"亲代传递给子代的遗传信息主要编码在 DNA 分子上"做了很好的铺垫。为更好地完成本单元的学习，本单元的概念可解构为"性状分离的原因是等位基因的相互分离""性状自由组合的原因是非等位基因的自由组合""基因分离和自由组合使得子代基因型和表型有多种可能"3 个下位概念。这些概念之间的关系如图 1-1 所示。

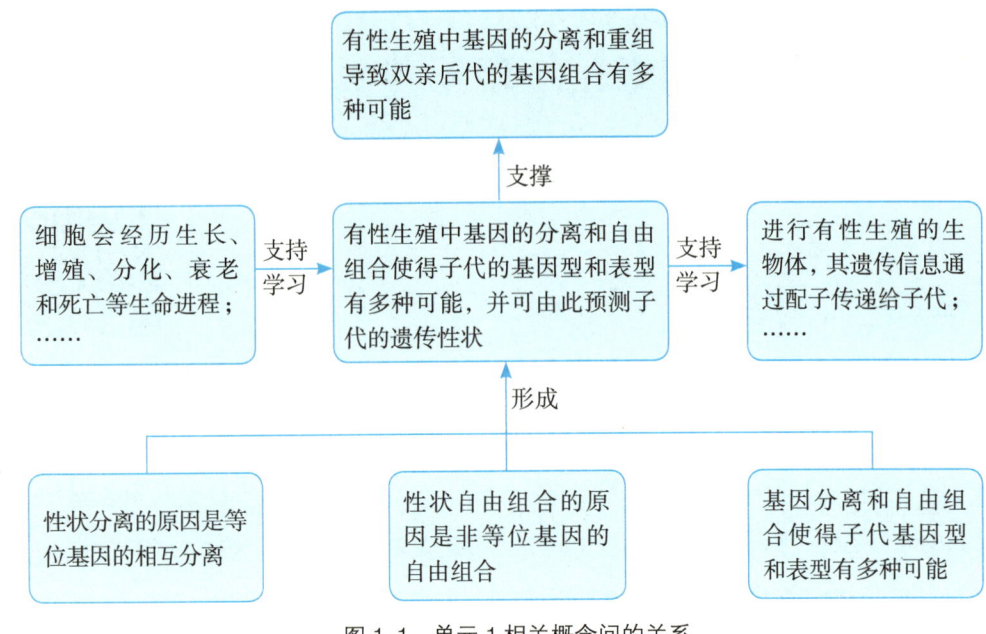

图 1-1 单元 1 相关概念间的关系

三、单元目标

(一)学习目标

1.通过分析孟德尔一对相对性状杂交实验的科学史材料,理解孟德尔提出的假说内容,初步领悟假说–演绎的科学思维。用假说–演绎法分析两对相对性状的杂交实验,在此过程中进一步发展科学思维与科学探究能力。

2.通过分析子代的表型情况,理解遗传信息可以由亲代传递给子代,其重新组合可增加生物多样性,对生物的适应和进化有重要意义,初步形成信息与调控观、进化与适应观等生命观念。

3.关注孟德尔定律在生产实践中的应用,体会科技进步造福人类,提升解决生产生活问题的责任与担当,增强社会责任感。

4.通过小组合作,设计完成两对相对性状杂交的模拟实验,深度感悟遗传定律的实质,学会建构模型的一般方法。

5.通过分析孟德尔成功的原因,感悟科学精神,提升社会责任。

(二)评价目标

1. 在学习孟德尔一对相对性状的杂交实验后,能用假说-演绎法解释两对相对性状杂交实验的现象,并预测实验结果。需要具备科学思维的四级水平和科学探究的三级水平。

2. 在学习孟德尔分离定律后,能分析孟德尔成功的原因。需要具备科学思维的三级水平和社会责任的三级水平。

3. 能基于孟德尔定律分析子代基因型和表型有多种可能,认识遗传信息的传递对生物多样性和进化的作用。需要具备生命观念的一级水平和科学思维的三级水平。

4. 通过模拟活动,归纳模型建构的一般方法并用于新情境的模拟活动中。需要具备科学思维的三级水平。

四、单元教学思路

(一)单元情境

孟德尔所处的时代,人们对遗传的认识还很粗浅,基本认同"混合遗传"学说。此学说未被正式提出和论证,是一个被普遍接受的、朴素的、以为不证自明的规律,孟德尔却不以为然,他设计实验并锲而不舍地研究,发现了与此不同的规律。从1854年开始,孟德尔用豌豆做了一系列遗传学实验。他于1865年公布所发现的遗传学规律,并于次年发表了论文《植物杂交的实验》。实验材料的选择,实验方案的设计,假说-演绎法的运用,实验结果的统计分析,数学模型的建构……每一个环节都值得我们探讨与学习。

(二)核心任务

分析孟德尔经典遗传实验的科学史材料,总结归纳孟德尔定律的要点,用孟德尔定律解释生产实践和生活实际中的遗传现象。

(三)教学流程

以支撑本单元重要概念所需的次位概念为课时学习主题,课时教学以问题、任务、活动与评价为主线展开。本单元教学流程如图1-2所示。

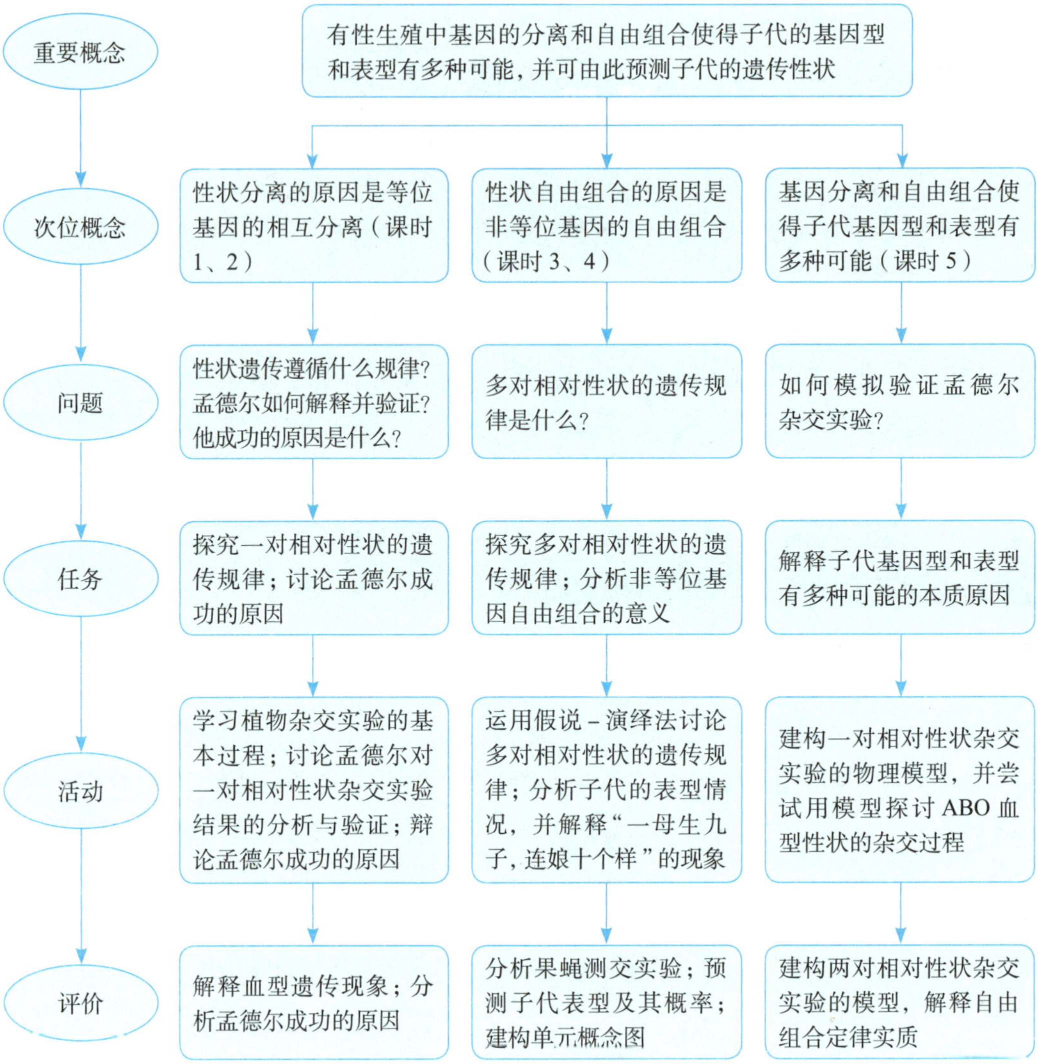

重要概念	有性生殖中基因的分离和自由组合使得子代的基因型和表型有多种可能，并可由此预测子代的遗传性状		
次位概念	性状分离的原因是等位基因的相互分离（课时1、2）	性状自由组合的原因是非等位基因的自由组合（课时3、4）	基因分离和自由组合使得子代基因型和表型有多种可能（课时5）
问题	性状遗传遵循什么规律？孟德尔如何解释并验证？他成功的原因是什么？	多对相对性状的遗传规律是什么？	如何模拟验证孟德尔杂交实验？
任务	探究一对相对性状的遗传规律；讨论孟德尔成功的原因	探究多对相对性状的遗传规律；分析非等位基因自由组合的意义	解释子代基因型和表型有多种可能的本质原因
活动	学习植物杂交实验的基本过程；讨论孟德尔对一对相对性状杂交实验结果的分析与验证；辩论孟德尔成功的原因	运用假说-演绎法讨论多对相对性状的遗传规律；分析子代的表型情况，并解释"一母生九子，连娘十个样"的现象	建构一对相对性状杂交实验的物理模型，并尝试用模型探讨ABO血型性状的杂交过程
评价	解释血型遗传现象；分析孟德尔成功的原因	分析果蝇测交实验；预测子代表型及其概率；建构单元概念图	建构两对相对性状杂交实验的模型，解释自由组合定律实质

图 1-2　单元 1 教学流程

五、课时教学实例

课时 1、2　性状分离的原因是等位基因的相互分离

课堂实录

（一）课时概念解析

本课时的概念为"性状分离的原因是等位基因的相互分离"，该概念的建构需要以下基本概念或证据的支持。

1. 性状分离是指 F_1 自交后代中同时出现显性性状和隐性性状的现象。
2. 等位基因在形成配子时彼此分离，分别进入不同的配子中。

（二）课堂实录

教学环节	课堂实录	专业点评
创设情境，提出核心问题	情境导入 展示学生课前收集并汇总的班级同学及其父母的 ABO 血型，以表格形式呈现几种特殊情况。为什么会出现这种现象？ABO 血型到底遵循什么遗传规律？人类的单双眼皮、肤色，植物的茎高、花色又遵循什么遗传规律呢？ 核心问题 生物的性状遗传遵循什么规律？	教师从学生课前收集的血型信息入手，情境真实，可以有效地激发了学生的学习兴趣。
任务1：探索遗传规律的发现过程	呈现资料 很多科学家痴迷于性状遗传规律的研究，提出了各种假说，如融合遗传、精源论、泛生论等，其中贡献最大的科学家当数孟德尔。孟德尔是一名修道院的修道士，他不仅擅长生物，也非常精通物理化学。受道尔顿原子学说的启发，他大胆猜想生物的性状是由细胞内的一些微粒决定的，并把这些微粒称为遗传因子，认为遗传因子的分离和组合会影响生物的性状。这就是孟德尔对生物性状遗传提出的第一条尝试性解释：性状是由遗传因子控制的。 教师提问 假如你是孟德尔，接下来该如何研究这些遗传因子？ 学生思考回答 在当时的科学技术水平下，科学家是无法观察到遗传因子的。虽然遗传因子看不到，但它如果真能决定生物的性状，便会在生物性状上体现出来。性状是可以看见的，因此我们可以通过生物的性状来研究遗传因子。 活动1：学习杂交实验过程及相关名词 教师提问 假如你是孟德尔，你该如何研究生物的性状呢？ 学生讨论 结合教科书第3、4页，思考并讨论以下问题：①为什么孟德尔要对紫花和白花进行人工授粉？②提供雌配子的是哪一植株？提供雄配子的又是哪一植株？③为什么去雄？什么时候去雄？为什么在去雄及传粉后要对母本进行套袋处理？ 师生共同总结 总结杂交实验的要点，厘清相关名词。 教师点明 孟德尔发现无论是紫花做母本，还是白花做母本，收取母本豆荚中的种子种下后，第二年所有的 F_1 全部开紫花。那么 F_1 为什么会表现为紫花呢？你有哪些猜想？如何验证你的猜想？ 学生讨论回答 小组讨论后提出猜想，并总结自交的实验思想。 教师引导 呈现自交结果，介绍性状分离、显性性状、隐性性状等概念。提出问题：F_1 体细胞中至少有几个遗传因子？为什么？ 学生回答 至少两个。F_1 自交出现性状分离，说明 F_1 中至少有两个遗传因子，一个控制紫花，一个控制白花。	分析性状遗传的不同假说让学生领悟即使社会大众认可的规则也不一定完全正确，培养了他们敢于质疑的科学态度。学生类比道尔顿的原子学说，认同不同学科之间的相互关联，可以理解孟德尔的研究背景。 学生通过思考、讨论，了解杂交实验的基本过程，这可以为后续的学习打下基础。

续表

教学环节	课堂实录	专业点评
任务1：探索遗传规律的发现过程	**教师点明**　遗传因子在体内成对存在。假设控制紫花的遗传因子用A表示，控制白花的遗传因子用a表示，请尝试写出F_1亲本的遗传因子组合。 **师生活动**　学生尝试书写，师生总结尝试性解释：遗传因子在细胞内成对存在，一个来自父本，一个来自母本；F_1的体细胞内有两个不同的遗传因子，各自独立，互不融合。 **活动2：解释F_2的表型比例** **呈现资料**　孟德尔不仅观察到F_1自交出现性状分离的现象，还统计了紫花、白花植株的数量，发现结果约等于3∶1，他思考这会不会是偶然。孟德尔又做了其他7对相对性状的杂交实验，并对F_2中显、隐性性状个体分别进行了统计，发现3∶1不是偶然现象，性状遗传遵循着某种规律。 **教师提问**　假如你是孟德尔，你如何解释F_2紫花与白花的比例为3∶1？ **学生活动**　思考并讨论以下问题： ①F_1自交时，母本和父本的遗传因子组合分别是什么？ ②雌配子中含有几个遗传因子？分别是什么？ ③父本提供了几种雄配子？分别含有什么遗传因子？ ④相同雌、雄配子结合的概率一样吗？ **师生活动**　在小组讨论的基础上，师生共同总结尝试性解释：F_1产生配子时，成对的遗传因子彼此分开，分别进入两个配子中，每个配子只含有成对遗传因子中的一个；受精时雌、雄配子是随机结合的。 **教师引导**　引导学生总结孟德尔解释分离现象的五点假说。这五点假说完美地解释了一对相对性状的杂交实验现象。	以孟德尔一对相对性状杂交实验的科学史为线索，教师设置了一系列有思维梯度的问题串，引导学生分析和探究F_1、F_2的性状表现，培养学生以辩证的眼光看待事物，大胆地猜测、推理，尝试解释现象。这有助于学生自主建构知识，发展科学思维。
任务2：设计实验验证孟德尔的假说	**教师引导**　然而这仅仅是假说，如果假说要成为学说，还需要经过验证。五点假说需要一一验证吗？五点假说中，最核心的是哪一条或者哪几条，或者说最能够说明性状分离现象原因的是哪几条？ **学生讨论**　讨论孟德尔解释性状分离现象的核心观点。 **活动3：设计实验验证孟德尔假说中的核心观点** **教师提问**　如何验证假说中的核心观点？ **学生活动**　①可供选择的实验材料为P紫花（纯合子）、P白花（纯合子），请从以上实验材料中选取合适的材料与F_1紫花杂交，说说选材的理由。②尝试利用假说内容预测杂交子代的性状以及子代性状的分离比值。（可以用遗传因子来说明） **师生总结**　在小组讨论的基础上，师生共同总结测交的概念、意义，以及遗传图解的四要素。	学生通过讨论分析，提炼出分离定律的实质，发展了科学思维。

续表

教学环节	课堂实录	专业点评
任务2：设计实验验证孟德尔的假说	**教师归纳**　在基于假说正确的基础上，利用假说的内容推理预测另一种杂交的结果，这个过程称为演绎推理。那么，仅凭这个演绎推理的结果能否验证孟德尔假说的正确性？ **学生回答**　不能，还需要做实验来验证。 **呈现资料**　实验数据：孟德尔的测交实验共得166株后代，其中85株开紫花，81株开白花。 **教师提问**　根据以上数据，你可以得出什么结论？ **学生回答**　测交实验的结果可以说明孟德尔的假说是正确的。 **教师总结**　这个主张就由假说提升到了学说，在技术水平制约的背景下，孟德尔通过假说－演绎法完美地解释了豌豆的遗传现象。那在当前的科技水平条件下，我们能否更直接地验证分离定律？ **教师引导**　引导学生阅读教科书第8页小资料"水稻花粉鉴定法"，分析该方法的优点及局限性。再引导学生得出结论：测交是验证分离定律最普遍的方法，花粉法是验证分离定律最直观的方法。 **教师提问**　孟德尔提出学说不是一蹴而就的，请简单概述孟德尔提出学说经历了哪些过程。 **学生尝试总结**　孟德尔提出学说经历了：在实验中发现问题→提出假说→根据假说推理→通过实验验证推理。 **教师总结**　这个方法被称为假说－演绎法。科学家们通过假说－演绎法，揭示了很多科学现象的本质。学会科学的研究方法，是学好生物学的关键。 **师生总结**　用概念图的形式共同总结孟德尔分离定律的研究对象、实质、科学方法等相关内容，如图1-3所示。	本活动让学生领悟了孟德尔设计验证实验的目的及其巧妙之处，并体会了演绎推理的过程。学生总结了孟德尔分离定律的研究过程，领悟了假说－演绎法的基本过程。 本活动可以帮助学生进一步建构概念模型，发展"模型与建模"的科学思维。

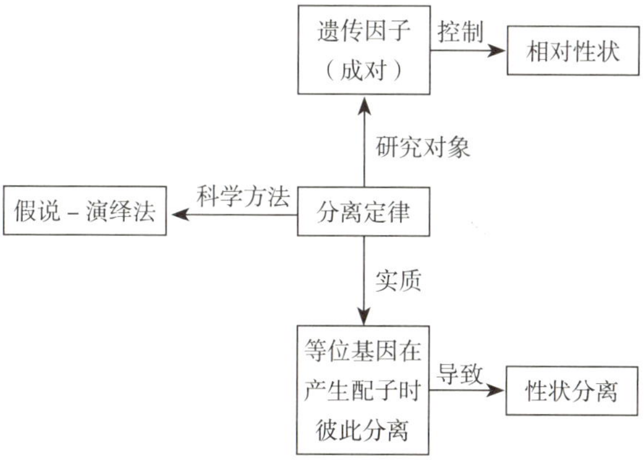

图1-3　孟德尔分离定律相关概念间的关系

续表

教学环节	课堂实录	专业点评
任务3：利用分离定律解释遗传现象	**呈现资料** 课前收集的班级血型情况。 **学生活动** 汇总班级ABO血型数据，发现某同学为O型血，但是父母都是A型血。思考并回答以下问题：①在A型血和O型血中，什么是显性性状，什么是隐性性状？②该同学父母是纯合子还是杂合子？③父母都是A型血，孩子却出现O型血，这个遗传现象称为什么？④尝试用分离定律解释以上现象（用遗传图解表示）。 **教师总结** 分离定律可以解释生物的ABO血型等性状遗传规律，具有一定的适用性。	通过让学生用所学知识解决新的情境，教师即时检验与评价了学生的学习效果。
任务4：辩论总结孟德尔成功的原因	**呈现资料** 孟德尔从豌豆杂交实验中发现生物性状遗传的规律，研究成果具有一定的时代超越性，开启了探究遗传基因的新纪元，因此孟德尔被后人称为"遗传学之父"。有人说孟德尔的成功在于运气，因为他恰好选择了合适的材料，但也有人认为孟德尔的成功是一种必然。 **学生活动** 请结合孟德尔生平资料，以小组为单位选择观点并给出支持性证据。 **教师引导** 在辩论活动中引导学生总结：①豌豆作为材料的优点。②孟德尔成功的原因。 **教师总结** 事实上，孟德尔曾经选择小鼠、四季豆、山柳菊进行实验，但均以失败告终。由此可见，科学家的成功都不是简单的"运气"二字。运气建立在不间断的尝试中，探索真理的路程必然不是一帆风顺的。 **课外任务** 任务1：阅读《孟德尔：迟来的掌声》或者《基因前传　从孟德尔到双螺旋》。 任务2：小组合作，从生活中选取合适的材料制作材料包，用于验证孟德尔的分离定律。	学生通过课前收集资料，了解孟德尔的生平，再在活动中分析得出豌豆作为实验材料的优点，以及孟德尔成功的原因，在潜移默化中感悟科学精神和科学态度。

（三）教学反思

本课时的亮点主要体现在3个方面：一是重在学生的科学思维训练。我以"孟德尔一对相对性状的杂交实验过程"为主线展开教学，帮助学生在体验"科学家的探究历程"中建构概念，提升科学思维。二是拓展学习空间。本课时组织多个实践活动，如课前ABO血型资料的收集、课堂小组活动的开展、课后设计材料包等，这些实践活动都需要较长的时间。因此，我拓展了课堂空间，延伸了学习时间，既安排了课内活动，又开展了课外活动，注重活动的课内、课外结合，合理规划时间，提高学生的学习效率。三是注重归纳与总结。在小组讨论的基础上，师生共同总结尝试性解释和分离定律的实质，并通过概念模型的建构总结课时要点，凝练学习要点，建构相关原理性概念。

本课时存在的不足之处：思维活动任务多。对于高一学生而言，资料的容量过大，尽管大部分的预设目标都能达成，但是开放性的问题比较少，这不利于激发学生的发散性思维。

（四）总体评析

本课时是本单元的第一部分，以"情境—任务—活动—评价"为主线展开长课时教学，保证了学生思维的连贯性。学生通过探究科学史实验，建构"性状分离的原因是等位基因的相互分离"这一次位概念。明线是概念的建构，暗线是核心素养的发展，特别是科学探究和科学思维的发展。

1. 基于时代背景，明确概念建构的起点。

本课时中，教师充分交代了孟德尔及其之前的科学家解释遗传规律的各种假说，以及道尔顿的原子学说，借此向学生传递科学研究往往不会凭空产生，而是有延续性的，后人可以有选择性地借鉴前人的研究成果。这对学生今后从事相关工作具有启发性。

2. 基于假说－演绎法，自主建构次位概念。

工欲善其事，必先利其器。孟德尔利用假说－演绎法为现代遗传学理论奠定了基石。学生学习遗传学理论固然是为了掌握知识、概念，但是更重要的是在学习过程中发展核心素养。因此，学生利用科学史素材，采用假说－演绎法，自主总结分离定律，这对于科学探究和科学思维的发展有着非比寻常的价值。由于高一学生的思维能力普遍不是特别强，教师在学生自主建构概念的过程中，设置了一系列有思维梯度的问题，并适当地进行引导和铺垫。

3. 基于多样的活动，有效开展深度学习。

学生永远都是课堂的主体，只有真正地让学生动起来，才能有效地落实核心素养。教师采用了丰富多样的学生活动，从科学思维的角度精心选择了提出假说和演绎推理两个维度的学生活动，有效发展了学生的核心素养。在感悟孟德尔科学精神的课堂辩论中，学生的表现十分亮眼，正、反双方的学生表达清晰而富有逻辑，或补充或争论。这样的辩论对于学生核心素养的培养是超越学科界限的。本课时很好地体现了"把时间还给学生，学生一定会给我们带来惊喜"的理念。

4. 基于多元评价，发展学科核心素养。

学业评价促发展是课程标准的基本理念之一，其强调教师要重视评价的诊断作用、激励作用和促进作用。本课时教师采用了多元化的评价手段，有教师评价、生生互评、过程性评价、诊断性评价、课外评价。"利用分离定律解释ABO血型的遗传情况"活动不仅很好地评价了学生对分离定律的理解和掌握情况，同时也培养了学生运用生物学原理解决实际问题的能力和社会责任意识；课外任务2是一种课外评价、开放性评价、多元化评价，可以促进学生科学思维的发展，同时可以让学生意识到很多时候答案、方法、策略有可能是非线性思维关系。

5. 改进建议。

本课时的内容对学生的思维要求较高，尤其是高一的学生，因此，教师不得不通过各种手段和措施降低难度，使学生能够深度参与到概念建构过程中。然而，究竟将难度降到什么程度，教师引导、提示到什么程度才是合适的，这些都值得探讨。在教学内容多、难度大的情况下，一些事实性知识如何更好地落实，如遗传学的基本操作及相关概念等，值得商榷。此外，在开展小组活动时，建议明确各组员的任务分工，以使学生更加深入地参与到活动中去。在进行课堂总结时，如果能让学生更多地参与其中，也许更能检测学生对概念的建构程度。

（本课时由浙江大学附属中学秦丹、刘小园老师设计，秦丹老师执教）

课时3、4 性状自由组合的原因是非等位基因的自由组合

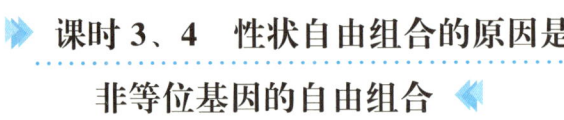

（一）课时概念解析

本课时的概念为"性状自由组合的原因是非等位基因的自由组合"，该概念的建构需要以下基本概念或证据的支持。

1. 在多对相对性状的遗传过程中，独立遗传的性状间会发生自由组合。
2. 性状自由组合的原因是在形成配子时，非等位基因自由组合。
3. 非等位基因的自由组合使得子代基因型和表型有多种可能。
4. 种群中个体表型多样化有利于适应多变的环境。

（二）课堂实录

教学环节	课堂实录	专业点评
创设情境，提出核心问题	情境导入　豌豆具有多对相对性状，在遗传过程中，多对相对性状共同传给了子代。直接研究多对相对性状的遗传规律是很困难的，因此孟德尔首先选择了一对相对性状进行研究，但他最终还是要回到多对相对性状遗传规律的研究中。 核心问题　多对相对性状的遗传规律是什么？	教师从学生已有的知识起点出发，可以激发学生的研究热情。

续表

教学环节	课堂实录	专业点评
任务1：运用假说-演绎法总结自由组合定律	**教师引导** 多对相对性状遗传规律的研究，会涉及到每对相对性状之间的关系，如果你是孟德尔，请问你至少要选择几对相对性状？ **学生回答** 两对。 **教师提问** 孟德尔以一对相对性状不同的亲本进行杂交，总结归纳出分离定律。如果选择两对相对性状不同的亲本进行杂交，分离定律是否仍适用于每对相对性状的遗传？ **呈现资料** 孟德尔以豌豆为实验材料的两对相对性状杂交实验的结果。 **教师引导** 引导学生讨论分析在多对相对性状的遗传过程中，分离定律是否仍然适用。 **教师提问** 在两对相对性状的遗传过程中，种子颜色的遗传是否符合分离定律？你的依据是什么？ **学生回答** 种子颜色的遗传符合分离定律。因为在F_2中，黄色圆形和黄色皱形，绿色圆形和绿色皱形的比例约为3∶1。 **教师点明** 我们首先关注一对相对性状，F_2中黄色比绿色约为3∶1，这是实验现象，由此推测F_1在形成配子时发生了等位基因的分离。因此分离定律在这里依然适用。 **教师提问** 那么种子形状的遗传是否符合分离定律？你的判断依据是什么？ **学生回答** 种子形状的遗传符合分离定律。因为F_2中圆形和皱形的比例约为3∶1。 **教师归纳** 具有多对不同相对性状的亲本进行杂交时，分离定律依然是适用的。亲本将每一对相对性状传给子代，那么，在传递过程中不同性状之间有没有关联？ **活动1：分析两对相对性状是否独立遗传** **学生活动** 讨论回答以下问题：①亲本是黄色圆形，黄色和圆形都传给了子代。那么，黄色和圆形之间是否发生了关联？②在F_2中，种子的颜色和形状这两对相对性状发生了组合，F_2中黄色圆形、黄色皱形、绿色圆形、绿色皱形的比例分别为9/16、3/16、3/16、1/16，颜色与形状的组合是否有偏好？ **师生共同归纳** 在学生讨论的基础上，共同归纳得出：在F_1到F_2的过程中，性状发生了组合，而这种组合是随机的、自由的，是不存在偏好的。 **教师提问** 针对这个现象，你认为孟德尔最想厘清的问题是什么？ **学生回答** 是否存在规律？为什么性状会自由组合？	分析两对相对性状中某对性状的遗传情况可以检测学生对前一概念的掌握情况，便于教师了解学生的学习起点，也为更好地开展活动做铺垫。 根据实验现象提出问题是科学研究的第一步。教师通过引导学生分析实验现象，自然而然地就可以引导学生提出核心问题。

续表

教学环节	课堂实录	专业点评
任务1：运用假说-演绎法总结自由组合定律	**活动2：解释性状自由组合现象** **教师引导** 亲、子代之间是通过配子相联系的，亲本YYRR产生的配子是YR，亲本yyrr产生的配子是yr，F_1的基因型为YyRr。性状的自由组合是发生在F_1产生F_2的过程中，因此要分析F_1产生的配子。配子需要通过受精才能产生F_2，因此还要讨论F_2的表型情况。 **学生活动** 讨论以下问题：①F_1雌、雄配子的类型及其比例是怎样的？②F_2的表型及其比例是怎样的？请说明推理过程。 **问题①的讨论结果** 回答1：形成4种配子，即YR、Yr、yR、yr，比例相近。 回答2：形成4种配子，即Y、y、R、r。 **教师引导** 这两种结果有什么差异？你认为哪种更合理？为什么？ **学生回答** 第一种更合理，应该是组合的。 **教师追问** 你们是如何想到控制不同性状的基因可以发生组合，并且这种组合是随机的、自由的？ **学生回答** 回答1：亲本产生的配子中含有两个控制不同性状的基因。4种配子的数量相近，可推测出控制不同性状的基因间的组合是自由的、随机的。 回答2：是通过列表得到的。在形成配子时，等位基因彼此分离。 **教师引导** 4种配子的数量相近。在形成配子时非等位基因发生自由组合，这些都是我们猜测的。我们在实验中唯一能确定的就是观察到了性状的自由组合。 **学生回答** 既然性状是自由组合的，那么控制性状的非等位基因在形成配子时也应该是自由组合的。 **师生讨论总结** 分析时要将Y、y和R、r分开讨论。配子中应含有2个控制不同性状的基因，因此会形成4种配子YR、Yr、yR、yr，且比例相近，即两种遗传因子会自由组合。 **问题②的讨论结果** 回答1：雌、雄配子结合，共有16种组合方式。 回答2：最后产生4种表型，比例为9∶3∶3∶1。 **师生共同总结** 关于两对相对性状自由组合现象，我们可以做三点尝试性解释：①在形成配子时非等位基因自由组合；②形成4种数量相近的雌、雄配子；③雌、雄配子随机结合。 **教师提问** 哪一点假说最关键、最核心？ **学生回答** 最关键的是形成配子时非等位基因发生自由组合，因此形成4种比例相近的配子。	在分析孟德尔两对相对性状杂交实验F_2的表型及其比例的基础上，教师引导学生发现了两对相对性状自由组合现象，再讨论分析两对相对性状发生自由组合的原因，从而可以发展他们的科学思维。 经过讨论、分析和追问，师生基于假说-演绎法和分离定律，对自由组合现象做出了尝试性解释。教师再让学生进一步提出问题与假说，并通过推理的方式进行解释。这一方面能提升学生的学习参与度，让学习真正地发生；另一方面也让学生初步形成了从现象到本质的思维方式，发展了学生推理分析的科学思维。

续表

教学环节	课堂实录	专业点评
任务1：运用假说－演绎法总结自由组合定律	活动3：验证自由组合现象的尝试性解释 教师提问　如何证明这一假说的正确性？ 小组讨论回答　讨论并交流，分享讨论结果。 小组1：选择F_1与纯种黄色豌豆杂交，观察子代的表型情况。 小组2：选择F_1与绿色皱形豌豆进行测交。 教师追问　大家有没有推算过测交的结果？ 学生回答　测交会出现4种比例相近的表型。 教师追问　你们如何推得测交后代的表型及其比例？ 学生回答 回答1：在形成配子时等位基因分离，非等位基因组合。 回答2：根据形成配子时，非等位基因自由组合可以推测F_1产生了YR、Yr、yR、yr 4种比例相近的配子，据此再推测测交后代的表型及其比例。 教师追问　这样的推测，有没有证明假说是正确的？为什么？ 学生回答　这是根据假说推理，因此假说依然没有得到证明，应该做一下测交实验。 教师提醒　演绎推理和实验验证的区别是什么？如果实验结果与预测结果相符，则假说正确，否则，需要进一步修正假说。 呈现资料　孟德尔测交实验的结果。 师生共同归纳　归纳自由组合定律的要点和实质。当假说被证明，就成为了真理、定律。多对相对性状遗传规律的研究思路与分离定律的研究思路是一致的。 呈现资料　黑腹果蝇中灰体（B）对黑体（b）为显性，长翅（V）对残翅（v）为显性。20世纪初，摩尔根用灰体长翅（BBVV）果蝇和黑体残翅（bbvv）果蝇杂交，F_1都是灰体长翅（BbVv）。取F_1雌蝇与黑体残翅雄蝇测交，后代出现了灰体长翅、灰体残翅、黑体长翅和黑体残翅4种类型，比例为0.42∶0.08∶0.08∶0.42。 教师提问　黑腹果蝇的体色和翅形的遗传是否符合自由组合定律，说明判断的理由。 学生回答　符合，因为测交后代灰体和黑体1∶1，长翅和残翅1∶1。 教师引导　同学分析的是一对相对性状符合分离定律，那两对相对性状是否符合自由组合定律？ 学生回答　不符合，如果符合的话，测交得到的子代应出现4种数量相近的表型，而事实上测交的结果是4种表型的比例不相等。	学生基于假说－演绎法，设计了巧妙的实验验证假说并得出结论，再次体验了演绎推理和实验验证的区别和关系。 学生运用假说－演绎法分析孟德尔两对相对性状杂交实验，总结了自由组合定律。在发现问题、提出假说、演绎推理、实验验证、得出结论的过程中，发展了科学思维。

续表

教学环节	课堂实录	专业点评
任务1：运用假说-演绎法总结自由组合定律	**教师点明** 果蝇体色和翅形遗传的规律我们将在后面的学习中进一步探究。这个资料是否说明孟德尔的自由组合定律是错误的？自由组合定律具有一定的适用范围，真理是相对的、有条件的，随着进一步的学习，我们会更清楚自由组合定律的条件是什么。现阶段只要看到性状发生了自由组合，且独立遗传，那么，自由组合定律就是适用的。	黑腹果蝇体色和翅形遗传的分析提升了学生的科学思维，同时也评价了学生对自由组合定律的掌握情况，有助于学生认识到定律往往是有适用范围、有前提的。
任务2：分析总结非等位基因自由组合的意义	**教师引导** 非等位基因自由组合在生物体中普遍存在，进化论认为存在的就是适应的，非等位基因的自由组合对生物体有何意义呢？ **活动4：讨论非等位基因自由组合的理论意义** **教师提问** 若每对基因控制一对相对性状，且均独立遗传，两对基因均杂合的黄色圆形豌豆自交，子代的表型种类数是多少？三对基因均杂合的黄色圆形高茎豌豆自交，子代的表型种类数是多少？n对呢？ **学生回答** 2^2种、2^3种、2^n种。 **教师点明** 以人为例，人体细胞中约有两万五千对基因，即使约10%处于杂合状态，n值也很大，子代表型也很多。因此，非等位基因的自由组合可以导致子代表型的多样化。子代表型多样化对于生物生存和繁衍有什么意义吗？ **学生回答** 回答1：有的性状适应环境，有的不适应。具有有利性状的生物，能更好地生存和繁衍，从而该性状得以传给子代。 回答2：环境条件发生改变，有利的性状也会发生改变，因此多样化的子代有利于生物更好地生存和繁衍。 **教师点明** 形成配子时，非等位基因自由组合，导致子代表型的多样化，漫长的进化年代里，子代表型多样化有利于种群适应多变的环境。那么自由组合定律在我们生产生活实践中有什么意义？ **活动5：讨论自由组合定律在生产实践中的应用价值** **教师引导** 介绍自由组合定律在育种中的应用价值。 **呈现资料** 见强光就打喷嚏的ACHOO综合征（简称"甲病"）和由于焦虑引起的下巴颤抖（简称"乙病"）均为显性性状，且均由一对基因控制，独立遗传。致病基因分别为A和B。某对夫妇的基因型均为AaBb。 **学生活动** 预测子代可能的表型及其比例。 **教师点明** 自由组合定律为优生优育、遗传病的防治提供了理论依据。	学生根据资料和问题，进一步主动建构本课时的概念，初步形成了信息与调控观、进化与适应观等生命观念。 学生在了解自由组合定律在育种中的应用价值，及预测子代表型及其概率的基础上，关注自由组合定律在生产生活中的应用，形成了学习生命科学规律是为了造福人类的意识，提升了社会责任感。

教学环节	课堂实录	专业点评
任务3：建构单元概念图	**活动6：利用概念图解释"一母生九子，连娘十个样"的现象** **呈现资料** 俗话说"一母生九子，连娘十个样"。某对夫妇响应国家号召，生了一个可爱的三胎宝宝，但是3个孩子的表型以及他们与父母的表型均存在一定的差异。 **教师提问** 请根据遗传学原理解释这一现象。 **学生回答** 人的很多对基因是处于杂合状态，通过非等位基因的自由组合，子代的表型多样化。 **学生活动** 讨论分析基因与性状之间的关系，再利用概念名词及短语，用文字、箭头建构概念图，解释"一母生九子，连娘十个样"的现象。 **完善概念图** 师生共同完善单元概念图，如图1-4所示。 图1-4 单元1概念图 **教师点明** 这张图总结了分离定律和自由组合定律相关的一些概念。总的来讲，等位基因的分离和非等位基因的自由组合会导致配子基因型的多样化，进一步导致子代基因型的多样化，最终导致子代表型的多样化，从而使生物体能更好地适应环境。	学生讨论了子代间表型不同和亲、子代间表型不同的原因，并利用概念图进行了梳理，从而能够显性地表达单元概念。这也是教师对学生概念掌握情况的评价和检测。 教师从概念的角度对遗传学两大定律进行了概括和总结。

（三）教学反思

本课时的亮点主要体现在3个方面：一是学生主动建构课时概念，发展科学思维。自由组合定律是高中生物学课程中的一个难点，学生对于该定律所涉及的假说内容、演绎推理与测交实验的关系、假说与定律的关系并不是很清楚，有些学生甚至不清楚两对相对性状独立遗传是什么意思。被动接受的概念是很难迁移运用的，因此，我采用了主动学习、深度学习的方法和策略。我引导学生运用假说－演绎法，在分析孟德尔两对相对性状杂交实验的基础上，总结出自由组合定律，随后讨论分析非等位基因自由组合的理论意义，并完成本课时概念的建构。学生经历了由现象到本质的研究过程和概念的主动建构过程后，对该内容的理解就会更加深入。此外，本课时帮助学生养成了尊重事实和证据的价值观，发展了运用科学的思维方法认识事物、解决实际问题的科学思维。二是有效实施小组合作学习，提升团队合作的意识和能力。本课时的重难点是运用假说－演绎法，总结自由组合定律。我在提出假说和验证假说两个环节上分别设置了小组活动，学生针对这两点展开讨论和分析。在小组合作学习的具体实施过程中，组员有明确分工，每一位组员都有相应的任务，且每次小组合作学习时，分工均进行了轮换，使得每一位组员的能力在不同维度得到了锻炼。三是自主建构单元概念，逐步形成上位概念。学生在完成分离定律和自由组合定律的学习后，分别完成了课时概念的建构，但尚未将课时概念重组整合，形成更加上位的单元概念。因此，我设置情境，让学生用概念图的方式分析"一母生九子，连娘十个样"的原因。在讨论生物学问题的过程中，以课时概念为基础，学生自主拓展建构单元概念是一个很好的选择。

本课时存在的不足之处：一是本课时对于高一学生来说略偏难。需要适当铺垫或者适当延长课时，以让学生有充足的时间思考、交流。二是生生互评偏少。由于教学难度偏大，我在学生遇到困难时进行了引导，还将大问题拆分成了若干个小问题。虽然降低了难度，加快了教学进度，但是这样也降低了问题的开放程度，减少了课堂动态生成，减少了生生之间、师生之间的思维碰撞。三是课堂互动的深度不够。考虑到时间的限制，我很多时候没有深究学生答案背后的原因，对学生的追问较少。

(四) 总体评析

本节内容是分离定律之后的课时，教师以3个任务为主线展开教学，在学生再次体验假说－演绎法的过程中帮助学生建构概念，同时发展生物学学科核心素养。因教学容量大，为保障学生学习思维的连贯，本节内容采用长课时教学。本课时的教学设计和课堂实施表现出以下特点：

1. 优化课时内容，凸显科学思维的训练。

本课时以"两对相对性状的杂交实验"为线索，对学生科学思维的发展进行了有效的探索。教师将科学史作为探究学习的材料，以问题为线索，一步步设置疑问，激发学生兴趣，诱发学生的探究心理，推动自由组合定律的主动建构。学生在亲历"发现问题—提出假说—演绎推理—测交实验验证—得出结论"的过程中习得知识，发展科学思维。通过任务1，学生能够运用假说－演绎法，总结出自由组合定律并且能够预测子代的遗传性状，着重于科学本质的学习。

2.任务驱动为主线,体现学生主体性。

三大任务环环相扣,具有一定的实践性和开放性。3个任务中的各项活动不是一蹴而就的,问题及活动由浅入深,具有一定的阶梯性,并且落在实处。活动难度与学生的认知能力和实践能力相吻合,符合科学教育规律和学生的学习规律。本课时的小组活动分工明确,人人参与,实现了学生主动学习的教学初衷。深度学习法、合作学习法、探究学习法和任务驱动法保证了学生的主体地位,激发了学生的潜能,教师引导学生努力探索,积极尝试,关注科学方法的获得、核心素养的提升,发展学生的创新实践能力。

3.深入社会实践,落实社会责任核心素养。

学生作为社会责任的主体,通过深度学习,在掌握核心知识的前提下,能够利用知识解决实际问题,体现了服务社会的教育理念。社会责任需要结合相关的情境才能体现,本课时通过创设"见强光就打喷嚏的ACHOO综合征和由于焦虑引起的下巴颤抖""一母生九子,连母十个样"等客观、真实的情境,激发了学生的好奇心和求知欲,从而可以帮助学生理解自由组合在生产生活实践中的应用。学生面对现实问题,可以树立为社会服务的意识,增强了社会责任感。

4.改进建议。

本课时的活动情境大多以文字资料的形式呈现,过多的文字资料增加了学生阅读和思考的时间,这在一定程度上限制了学生思维的深度和探究的热情。情境呈现方式可以更加丰富多彩,影像、音频等多种形式灵活结合,能充分调动学生的多元智能,促进教学的有效性。

(本课时由杭州市余杭第二高级中学章颉老师执教)

课时5 基因分离和自由组合使得子代基因型和表型有多种可能

课堂实录

(一)课时概念解析

本课时的概念为"基因分离和自由组合使得子代基因型和表型有多种可能",该概念的建构需要以下基本概念或证据的支持。

1.等位基因在形成配子的过程中,彼此分离。

2.非等位基因在形成配子的过程中,自由组合。

3.受精时,雌、雄配子的结合是随机的。

（二）课堂实录

教学环节	课堂实录	专业点评
课前活动，发现问题	课前活动　课前以4人一小组为单位，自选材料，设计并完成一对相对性状的杂交实验。总结本组的活动亮点，完成活动反思。	自主设计活动可以引发学生的主动思考，加深其对分离定律实质的思考。小组合作可提升学生的团队合作能力。
任务1：活动分享，提出问题	学生活动　各小组分享实验设计思路、模拟过程以及本组亮点和反思。以其中3组为例： 小组1：现场演示模拟实验的操作流程，并提出疑问，信封不标雌和雄、不使用信封、信封内的卡片只放置1张Y和1张y等简便操作是否可行？如何模拟ABO血型杂交实验？ 小组2：实验中遇到的问题和解决方法如下。①纸条和信封扁平，不利于混匀。改良方法：纸条→折纸→纸团，扁平信封→扎起信封口，折起信封两角形成膨大空间→塑料袋。②雌、雄配子总数与现实情况不符。改良方法：雌、雄配子总数相同→雌配子总数少于雄配子。③实验效率较低。改良方法：改变组内成员分工模式，从每人轮流完成一系列操作→各司其职，分工合作。 小组3：①改良材料。用小球代替纸片，用纸箱代替信封，既可提高操作速度，也可使数据更接近理论值。②试错。某一次未将小球放回盒子，实验结果与正常结果差异不大，即Y：y≠1：1，这将影响什么？③改变数据呈现方式，设计表格呈现实验结果。 教师总结　同学们从选材、操作意义、误差分析、组内合作情况等角度分享了各自小组的实验设计思路和操作过程；能抓住模拟实验中遇到的真实问题，展开组内讨论，提出解决问题的方法；也能基于实验提出新的问题。这些过程体现了合作精神和科学探究精神。	小组分享在提升学生自信的同时，也展示了学生在模拟活动中的思考、错误认知、疑难困惑、团队合作情况及其面对的问题、解决问题的方式方法和能力，发展了学生的科学思维和科学探究能力。
任务2：建构一对相对性状杂交实验的物理模型	教师设疑　分享环节中听到了很多创新行为，那么某项操作是否科学的依据是什么？以小组1提出的问题为例：信封内只放1张Y和1张y是否科学？ 学生回答 回答1：科学，这符合真实情况下Yy个体产生的配子Y：y为1：1。 回答2：不科学，真实情况下，个体不会只产生2个配子。 教师总结　虽然理由和结论不同，但是判断标准都源自"真实情况"，因此某项操作是否科学的依据是其是否符合"真实"。科学模拟一对相对性状杂交实验的依据是还原真实。	教师利用各小组的创新、疑惑和反思创设问题情境，引出了本课时的核心问题：如何科学模拟一对相对性状杂交实验？

续表

教学环节	课堂实录	专业点评
任务2：建构一对相对性状杂交实验的物理模型	教师引导　为什么不直接研究豌豆形成配子及其受精的过程？ 学生回答　现实因素的制约，无法通过观察豌豆开花结果的过程看到基因的行为。 教师引导　有什么方法可以帮助我们尽可能科学地模拟杂交实验呢？教师介绍模型建构方法，并引导学生思考：依据豌豆原型的特征建构杂交实验中的物理模型，产生配子的生殖器官应符合哪些特征？需要建构几个生殖器官？ 学生回答　2个。 教师引导　配子的组成需要考虑哪些特征？ 学生回答　1个模型内配子的种类、数量比以及雌、雄配子总数的差异。 教师引导　小球取出后未放回，导致Y：y≠1：1，这将影响什么？ 学生回答　破坏了物理模型的科学性。 教师引导　小组1提出的疑问，即信封内只放2张卡片，1张Y，1张y，是否科学？ 学生回答　虽然符合Y：y=1：1，但真实情况下配子总数应该不止2个，因此设置若干数量相等的Y和y配子更科学。 教师总结　建构物理模型的方法：首先，确定原型。其次，分析原型的本质和特点。最后，根据原型特点建构科学的物理模型。	教师设计了多层次的问题串来引导学生在问题的解决中抓住原型本质，完成物理模型的建构，学会模型建构方法，体验科学研究方法，逐渐形成批判性思维，发展科学思维。
任务3：基于模型理解分离定律实质	过渡　完成了物理模型的建构，如何科学地模拟杂交过程中配子的产生和受精作用？ 教师引导　原型在产生配子时的特点是什么？ 学生回答　随机产生某种基因型的配子。 教师引导　小组分享的创新行为中，有哪些是为了保证配子的"随机性"？ 学生回答　纸条改成纸团或小球，增大信封空间，用盒子、袋子代替信封等。 教师引导　产生的"雌、雄配子"通过组合在一起，完成受精作用。在建构科学的物理模型，且保证配子随机性的前提下，实验结果一定是配子数量比为Y：y=1：1，基因型比为YY：Yy：yy=1：2：1，性状分离比为3：1吗？ 学生回答　不一定，因为重复次数太少。 教师引导　有哪些改良方法可使结果接近理论比值？ 学生总结　增加实验重复次数，或将班级所有小组的实验结果相加。 教师引导　呈现全班9个小组实验结果相加的数据，引导学生与自己小组实验结果进行比较分析。	学生基于模型科学模拟杂交实验，可以体验模型的应用，理解建模的意义。 学生通过分析性状分离比不符合3：1的实验结果，从统计学角度提出了改良方法，并用孟德尔的实验历程印证了重复多次实验以及庞大的数据是获得性状分离比为3：1的前提。

续表

教学环节	课堂实录	专业点评
任务3：基于模型理解分离定律实质	呈现资料　孟德尔在8年杂交实验中授粉了17610次，第一年和第二年分别收集统计 F_2 豌豆 7324颗、8023颗。 教师总结　理论比值的获得是基于大量的数据，从中可以体会到孟德尔研究过程的艰辛、他的坚韧不拔和科学探究精神。 教师提问　根据得到的实验结果，能否反映孟德尔分离定律？ 学生回答　可以。 教师提问　哪个结果最能反映分离定律的实质？ 学生回答　不同基因型的配子数量比≈1∶1。 教师引导　引导学生总结模拟一对相对性状杂交实验的方法。	生物学史的学习可以让学生领悟并认同孟德尔的科学精神，总结孟德尔获得成功的经验。
任务4：模拟ABO血型性状杂交实验	学生活动　解决小组1提出的疑问"如何模拟ABO血型性状杂交实验？"。小组交流，讨论复等位基因控制的一对性状杂交实验模拟活动。 小组1：建构模型，设置雌、雄2个信封，每个信封里放置3种卡片，模拟3种等位基因，数量比为1∶1∶1。产生配子和受精作用的操作与之前模拟实验没有区别。 小组2：虽然控制该性状的等位基因有3种，但控制性状只需要2个基因，所以每个信封内只能放置3种基因中的2种，数量比为1∶1。如AB型血和O型血杂交，一个信封里放等量 I^A 和 I^B 卡片，另一个信封里全部放 i 卡片。 教师总结　模拟一对相对性状杂交实验的特殊情况，如共显性、配子致死情况，关键步骤是建构科学的物理模型。	活动的开展可以让学生深层次地理解自由组合定律的实质，体会生物学模型建构的意义。对模型建构方法的再次应用，发展了学生的科学思维。
任务5：模拟两对相对性状的杂交实验	学生活动　以Y（黄）y（绿）、R（圆粒）r（皱粒）两对相对性状为例，模拟两对相对性状的杂交实验。小组讨论，现场动手模拟。	教师利用两对相对性状杂交实验的设计和模拟进行评价，可以了解学生对物理模型的理解水平、对建模方法的掌握情况和应用能力。
课堂小结	师生总结　建模和模型应用的过程：基于原型，建构模型→利用模型，进行实验→通过实验，解释原型。 教师提出期望　同学们在今后的学习、生活中能够尝试用"模型与建模"去解决遇到的问题。	

（三）教学反思

本课时是以学生的课前活动"设计完成一对相对性状杂交实验"为基础展开的。学生利用自选材料设计、完成实验，不仅是动手，更是动脑。这激发了学生思考和探究的积极性，也大大提高了主动学习的积极性，能使学生对实验原理、材料选择及操作等有更深刻的理解。以小组合作的方式开展活动，学生在活动中发现问题、提出问题，并合作解决问题。在此过程中，学生提高了团队合作意识，乐于并善于团队合作，共同面对困难挑战，提升了科学探究能力。

  本课时的亮点主要体现在 2 个方面：一是利用小组自评和他评创设问题情境。小组自评和他评是一次学生自我评价、自我反思的机会，可以提高学生的自主学习能力、评价能力、总结归纳能力，以及运用生物学术语阐述实验过程和实验结果，并与他人展开交流的能力。学生在课前活动中，发现了很多本组和别组的问题，有些问题通过组内合作解决并进行了创新改良，有些疑惑通过分享环节提出，这些创新和疑惑作为引出本课时的问题情境，激发了学生的求知欲。二是引入建模思想，建构物理模型，科学模拟杂交实验。我借助无法利用豌豆原型研究杂交过程中的基因行为提出模型与建模这一科学方法，再通过设置一系列问题串，分析原型的本质特征，科学建构出本实验中的物理模型。在这过程中，学生对物理模型有了逐渐清晰的认知，并逐渐掌握模型建构的方法，发展了科学思维，利用建构的物理模型科学模拟杂交实验，体会到了模型建构的意义。

  本课时的预设目标基本达成。在"模拟 ABO 血型性状杂交实验"活动中，学生提出了"1 个信封内放置 3 种基因卡片"这种错误观点，由于时间限制我没有展开分析。事实上我可以进一步引导学生思考，这样的模型设置是可以存在的，如模拟某个种群内某对性状的随机交配情况。本课时内容也在其他班级做了尝试，发现在"模拟两对相对性状的杂交实验"环节，学生还可能有其他一些错误的建模操作，如 1 个信封内放置了 4 种卡片，分别是 Y、y、R、r 或是 YR、Yr、yR、yr。在时间允许的情况下，我应在课堂上做进一步分析。

(四) 总体评析

  本课时是一个模拟活动课，同时也是一个单元评价课。教师借助模拟活动载体，期望学生深刻感悟"基因分离和自由组合使得子代基因型和表型有多种可能"这一概念，进而建构本单元的核心概念。

  1.基于模拟活动，发展科学思维。

  教科书活动"模拟孟德尔杂交实验"是一个在常规教学中易被教师忽略的活动。此活动需要建构生物生殖器官模型，需要模拟生殖过程，需要对实验结果进行统计、分析。在本课时中，教师很好地设计了这个活动，通过交流分享学生自主活动的得失，师生共同探讨物理模型建构的要点，找到准确模拟操作的注意点。这些不仅彰显了建模思想，发展了学生的科学思维，也进一步帮助学生建构了本单元的核心概念"有性生殖中基因的分离和自由组合使得子代的基因型和表型有多种可能，并可由此预测子代的遗传性状"。

2. 基于多元评价，促进学生建构核心概念。

本课时的教学设计凸显了学生的主体性，课堂中有超过一半的时间是让学生分享、交流和讨论，教师通过自评、互评和师评等维度给予学生学习反馈，推进学习进程。值得一提的是，教师很好地运用了生成性问题"复等位基因是否符合分离定律？如何模拟？"引导学生展开讨论。这一问题表明学生对分离定律实质的理解有了深度思考，教师通过讨论既对学生建模思想建立的程度进行了评价，也对概念建构的程度进行了反馈，实现了"教—学—评"的一体化。

3. 改进建议。

本课时的具体实施过程中也存在一些不足。教师如果能在活动中引入相应的真实情境，让学生通过模拟活动来解释现实生活中的遗传现象，以显性表现来体现学习结果，从而对学生的概念学习情况有了更直接的评价指标，同时也能让学生感悟到知识的"实用性"，促进学生对本单元概念的建构，那么这堂课将更加完美。

（本课时由杭州师范大学附属中学朱琳瑜老师执教）

单元 2

有性生殖过程中基因随染色体分离和重组

专家解读

一、单元教学分析

孟德尔遗传定律被重新发现后，科学家开始探寻基因在细胞中的位置：从减数分裂过程的发现到萨顿的"遗传的染色体学说"，再到摩尔根将基因定位到染色体上的果蝇杂交实验……

本单元的内容是孟德尔定律的细胞学基础，具体内容的呈现体现了概念之间的内在联系。减数分裂通过染色体复制一次，细胞连续分裂两次，实现了染色体数量的减半，形成精子或卵细胞。再经历受精作用，恢复染色体数量。在减数分裂过程中，等位基因随同源染色体的分离而分离，非同源染色体上的非等位基因自由组合，产生了不同基因组合的精子和卵细胞，使子代出现多种基因型和表型。有性生殖是生物界普遍存在的生殖方式，对于生物的遗传和变异有重要的意义。自然界的真核生物具有相对稳定的染色体组成，部分染色体（如性染色体）与生物的性别决定相关，性染色体上的基因控制的性状与性别相关联，这是对孟德尔定律的补充与拓展。上述内容的科学发展史是人类对遗传学现象由表象到本质的探究史，按科学史的过程编排教学既尊重知识的逻辑性，又符合学生的认知规律与概念的发展规律。

通过前期的生物学学习，学生对于细胞的结构、染色体、DNA等已有一定的认识。细胞有丝分裂中的模型建构活动也为学生学习减数分裂奠定了基础。同时，孟德尔分离定律和自由组合定律的相关内容不仅为学生奠定了知识上的基础，也为学生运用假说－演绎法分析摩尔根的果蝇眼色遗传实验奠定了方法上的基础。基于本单元概念具有抽象、动态和微观的特点，教师需引导学生通过归纳、假说－演绎、模型与建模等科学思维方法解决问题，促进学生建构科学的遗传学概念，并加深学生对抽象遗传学概念的理解与应用。

二、单元概念解构

本单元聚焦重要概念"有性生殖过程中基因随染色体分离和重组，导致双亲后代的基因组合有多种可能"。该重要概念支撑大概念"遗传信息控制生物性状，并代代相传"的建构。本单元教学主要对应"染色体通过配子传递给子代""基因伴随染色体传递""性染色体上的基因传递和性别相关联"等次位概念,共同聚焦本单元的重要概念,支持"由基因突变、染色体变异和基因重组引起的变异是可以遗传的"等概念的学习。这些概念之间的关系如图2-1所示。

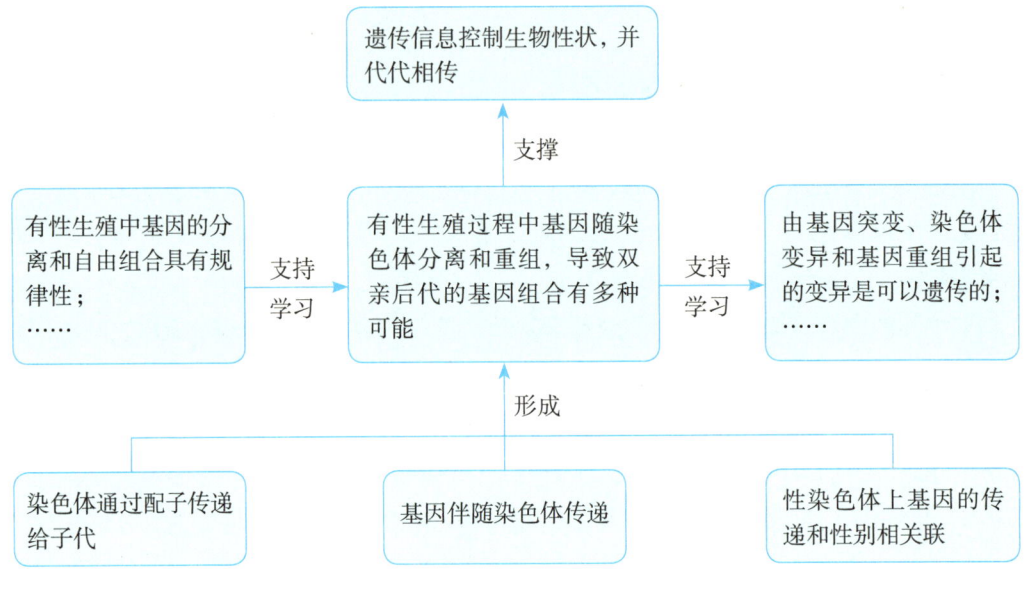

图2-1 单元2相关概念的关系

三、单元目标

(一)学习目标

1. 通过分析减数分裂过程和受精作用中染色体行为变化规律,阐明有性生殖中亲、子代间遗传信息稳定性和变异性的细胞学基础,发展结构与功能观、稳态与平衡观;通过分析后代多样性的原因并解释有性生殖后代变异的现象及意义,发展进化与适应观。

2. 通过"模拟减数分裂过程中染色体与基因的行为""演绎三体果蝇的变异过程""建构减数分裂中的数量变化曲线图"等活动,体验模型建构的过程,发展模型与建模、批判性思维等科学思维;通过"比较精子与卵细胞形成过程""分析基因与染色体的关系""概括不同类型伴性遗传的遗传特点"等活动,发展概括与归纳的科学思维。

3. 通过"分析摩尔根的果蝇眼色遗传实验"活动,尝试对果蝇眼色的遗传方式提出多种假设并推理论证,发展科学探究能力,以及演绎与推理的科学思维。

4. 通过减数分裂过程、遗传的染色体学说、摩尔根果蝇实验等科学史的分析,认同模式生物在科学研究中的意义；在"设计杂交实验解决果蝇防治问题"的活动中，尝试将知识应用于生产实践，提高社会责任意识。

（二）评价目标

1. 在学习"染色体通过配子传递给子代""基因伴随染色体传递""性染色体上基因的传递和性别相关联"后，能从结构与功能观的角度说出减数分裂各个时期的染色体特征，阐明孟德尔定律的细胞学基础和伴性遗传的特点；能从进化与适应观的角度阐释有性生殖后代变异相关的现象及其意义。需要具备生命观念的二级水平。

2. 在开展"模拟减数分裂过程中染色体与基因的行为""分析摩尔根的果蝇眼色遗传实验"等活动后，能对特定的有性生殖现象提出问题；能运用模型模拟减数分裂过程中染色体和核DNA的各种变化，并对孟德尔的遗传定律进行现代化解释；能运用演绎与推理进行实验分析和科学论证。需要具备科学思维的二级水平。

3. 在"分析摩尔根的果蝇眼色遗传实验"活动以及设计果蝇眼色遗传实验后，能分析或设计遗传学实验，预测和分析结果，确定恰当的杂交方案并与他人展开交流。需要具备科学探究的三级水平。

4. 在学习"有性生殖过程中基因随染色体分离和重组"后，能对果蝇防治、遗传病预防等社会性科学议题进行探讨，关注遗传学的研究进展及研究成果在生活和生产实践中的应用。需要具备社会责任的三级水平。

四、单元教学思路

（一）单元情境

果蝇是科学家喜爱的遗传学模式生物，但不为杨梅果农所喜欢，因为果蝇是危害杨梅果实的主要害虫，已成为杨梅生产中的一个突出问题。对于让人"又爱又恨"的果蝇，科学家对它的研究从未停止，如"现代遗传学之父"摩尔根利用果蝇展开研究，做出了杰出的贡献。在防治杨梅园果蝇时，引入雄性不育果蝇是进行果蝇防治的一个重要研究方向。

（二）核心任务

借助减数分裂模型和科学家对果蝇眼色性状的研究，探讨果蝇配子的形成过程，并解释雄果蝇产生异常配子的过程。

(三)教学流程

以支撑本单元重要概念所需的次位概念为课时学习主题,课时教学以问题、任务、活动与评价为主线展开。本单元教学流程如图 2-2 所示。

图 2-2 单元 2 教学流程

五、课时教学实例

课时1 染色体通过配子传递给子代（1）

（一）课时概念解析

本课时的概念为"染色体通过配子传递给子代"，该概念的建构需要以下基本概念和证据的支持。

1. 减数分裂产生只含有一半遗传信息的精细胞或卵细胞。
2. 性原细胞染色体复制一次，连续分裂两次，产生染色体数量减半的精细胞或卵细胞。
3. 进行有性生殖的生物体，其遗传信息通过配子传递给子代。
4. 有性生殖的生物体通过精细胞、卵细胞和受精作用保持了亲、子代之间染色体数量的稳定。

（二）课堂实录

教学环节	课堂实录	专业点评
创设单元情境，提出核心问题	呈现单元情境　浙江杨梅栽培历史悠久，果蝇是危害杨梅果实的主要害虫，是杨梅生产中的一个突出问题。杨梅成熟采收期不宜使用杀虫剂，这从客观上要求杨梅果蝇防控既要高效又要安全，所以一直是生产上的难点。套袋、性诱杀等措施均不能有效降低果蝇虫口密度。引入雄性不育果蝇是进行杨梅果蝇防治的一个重要研究方向，其主要原理是在危害区单独、持续、大量释放不育雄虫（利用高能射线对某个发育阶段的雄虫进行辐照处理，使其生殖细胞中的染色体发生变异），通过不育雄虫与野生雌虫交配不产生后代，逐代减少害虫种群数量，达到控制害虫的目的。 核心问题　①果蝇生殖细胞的产生过程是怎样的？②生物学家利用果蝇做了哪些染色体方面的遗传研究？③果蝇的染色体组成是怎样的？④果蝇性染色体基因控制的性状具有怎样的遗传特点？	教师以"浙江杨梅果蝇的防治问题"创设本单元具体、真实的情境，引出本单元的核心问题。该情境贴近实际生活，结合了现代生产实践，极大地激发了学生的学习兴趣与学习动力，为后续的学习提供了聚焦场景。建议教师结合相关视频、新闻资料等丰富的素材资源展开教学。
任务1：探究果蝇生殖细胞的特点	呈现资料　果蝇属昆虫纲双翅目，可以通过有性生殖产生子代，果蝇的体细胞中有8条染色体，可配成4对。 教师陈述　图2-3中的甲和乙分别是雌、雄果蝇染色体组成模式图，图2-3中的丙是光学显微镜下观察到的雄果蝇染色体组成图像。	果蝇染色体组成模式图和光学显微镜下真实的染色体组成图像给了学生直观的体验。

续表

教学环节	课堂实录	专业点评
任务1：探究果蝇生殖细胞的特点	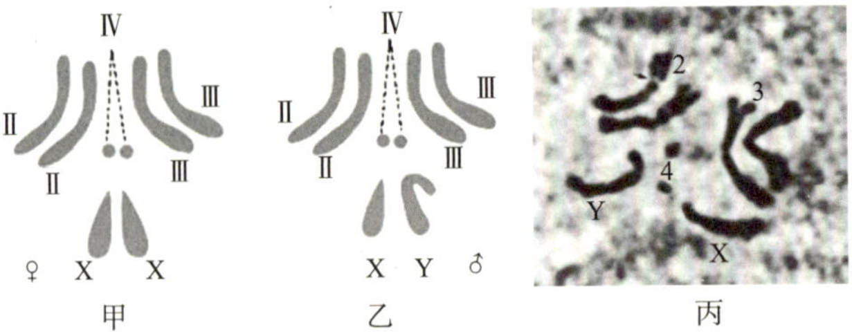 图 2-3 果蝇的染色体图 **学生活动** 分析果蝇的个体发育过程（图2-4）。 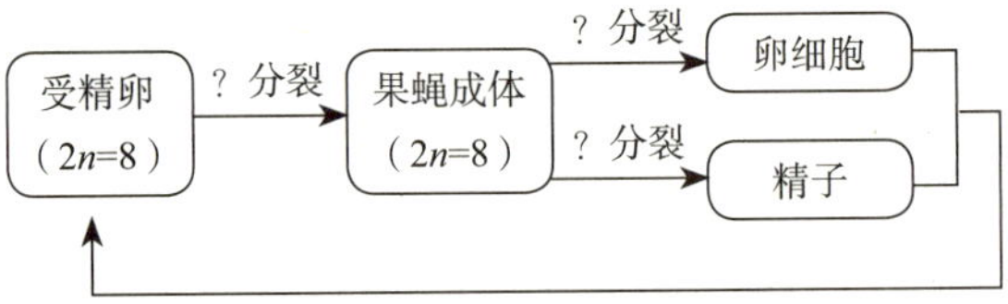 图 2-4 果蝇的个体发育过程图 **教师提问** ①由受精卵发育成果蝇成体需要经历哪些过程？②有同学认为精子和卵细胞是通过有丝分裂产生的。你赞同这个观点吗？请从染色体数量的角度说出你的理由。③果蝇精子、卵细胞中的染色体数量是多少？④根据上图分析，你认为精子中的染色体组成是怎样的？ **学生交流** 学生1：①通过观察发现受精卵和果蝇成体的染色体数量都是$2n=8$，所以由受精卵发育成果蝇成体需要经历有丝分裂过程。②不是通过有丝分裂过程产生。因为有丝分裂产生的细胞中染色体数量为$2n=8$。受精后变为16条，与事实不符。③精子、卵细胞中染色体数量是4条。④精子中的染色体组成是2条X、2条Y。 学生2：①由受精卵发育成果蝇成体需要经历有丝分裂和细胞分化的过程。②③和第一位同学相同。④图2-3丙中标号的每对染色体中的一条，再加X染色体或Y染色体。 **教师陈述** 现有雄果蝇染色体模型，蓝色的表示来自父方，红色的表示来自母方。模型中颜色不同、大小形态相同的一对染色体称为同源染色体。 **教师提问** 能否给同源染色体下一个定义？ **学生回答** 同源染色体是大小、形态相同，一条来自父方，一条来自母方的一对染色体。	阅读资料和观察果蝇的染色体组成，提升了学生观察和获取信息的能力，并为后续的探究活动做好了知识铺垫。 在小组分享过程中，教师侧重开展了小组的互评，促进学生不同观点之间的交流和碰撞，有利于学生修正观点，形成对"同源染色体"的统一认识。但是受呈现的染色体模型颜色影响，学生对同源染色体的理解不透彻，缺少对"非同源染色体"的解释，影响了后续非同源染色体自由组合的探究和分析。

续表

教学环节	课堂实录	专业点评
任务1：探究果蝇生殖细胞的特点	**教师提问** 那么黑板上的模型中有几对同源染色体？ **学生回答** 讨论后回答：3对或4对。意见不统一。 **教师陈述** 模型中有4对同源染色体，X染色体和Y染色体形态差异较大，是一对特殊的同源染色体。关于这对特殊的同源染色体，我们在以后的内容中再进行详细的学习。 **呈现资料** 常见动、植物染色体数量的表格（表2-1）。 表2-1 常见动、植物染色体数量 | 生物 | 体细胞(2n) | 生殖细胞(n) | |---|---|---| | 果蝇 | 8 | 4 | | 狗 | 78 | 39 | | 人 | 46 | (　) | | 豌豆 | (　) | 7 | | 玉米 | 20 | (　) | | 水稻 | 24 | 12 | **学生活动** 归纳常见动、植物染色体数量：①补充表格中括号内的染色体数量。②根据表中数据归纳规律。③分析这个规律对生物的意义。 **学生交流** ①人的生殖细胞染色体数量为23，豌豆的体细胞染色体数量为14，玉米的生殖细胞染色体数量为10。②体细胞染色体数量是生殖细胞染色体数的两倍。③这个规律可以让生物的性状保持稳定，因为生殖细胞的染色体数量是体细胞的二分之一。另外，体细胞中染色体数是偶数。 **教师小结** 通过前面的学习，我们知道精子或卵细胞的染色体数量是体细胞的一半，我们把这种产生染色体数量减半的细胞分裂方式称为减数分裂，但不是所有的细胞都能产生精子或卵细胞。我们把能产生精子或卵细胞的细胞称为性原细胞，能产生精子的细胞称为精原细胞，能产生卵细胞的细胞称为卵原细胞。性原细胞存在于性腺中，果蝇的精原细胞位于精巢，卵原细胞位于卵巢。 **呈现资料** 生物学家研究发现，一个精原细胞通过分裂最终可以产生4个精细胞。 **学生活动** 分析理解一个精原细胞通过2次分裂最终可以产生4个精细胞。	学生通过补充表格括号内的染色体数量，充分关注体细胞和生殖细胞的染色体数量关系，这可以为②③的分析做好充分铺垫。②③的分析旨在促进学生理解每种生物的染色体数量是相对恒定的，以及染色体数量恒定对生物的重要意义。最后教师指出果蝇产生生殖细胞的部位以及精原细胞通过两次分裂产生4个精细胞的事实，这可以为后续模型建构活动做铺垫。这部分内容以教师讲述为主，建议教师可以提供性腺图片、光学显微镜下的精母细胞图像，以促进学生更加直观地认识这部分内容。

续表

教学环节	课堂实录	专业点评
任务2：探究减数分裂过程中一对同源染色体的行为变化	教师提问　果蝇精原细胞中有4对同源染色体，那么这4对同源染色体在减数分裂过程中会发生什么变化呢？ 学生活动　尝试模拟一对同源染色体在减数分裂过程中的行为变化。各小组利用提供的模型，在展板上先模拟一对同源染色体在减数分裂过程中的行为变化。完成后各个小组代表展示模型。 教师点评　点评存在差异的两组。这两组同学所呈现的细胞分裂过程存在差异，但他们都注意到了染色体需要先复制再进行细胞的分裂。这两种方式的不同在于"同源染色体先分离，着丝粒再分裂"还是"着丝粒先分裂，同源染色体再分离"。如果是"着丝粒先分裂，同源染色体再分离"，那么第一次分裂就是有丝分裂。如果是这样，精原细胞不需要再经过染色体复制，没有必要进行这么复杂的两次分裂过程。所以是同源染色体先分离，着丝粒再分裂。	学生通过体验式的模型建构，对染色体的行为进行猜想与演绎，侧重发展了科学思维和科学探究能力。通过小组合作、组间评价和教师评价，学生审视了不同组之间的区别，最终形成了"染色体复制一次，同源染色体先分离，着丝粒再分裂"的科学观点。
任务3：探究减数分裂过程中两对同源染色体的行为变化	学生活动　尝试模拟两对同源染色体在减数分裂过程中的行为变化。各小组利用提供的模型，在展板上模拟两对同源染色体在减数分裂过程中的行为变化。完成后各个小组代表展示模型。 各小组的结果均为第一次分裂形成的细胞中含有相同颜色的非同源染色体。 教师引导　呈现另一种摆法，引导学生思考这样的摆法是否合理。 学生交流　不合理。第一次分裂形成的细胞中应为同一种颜色的两条染色体。 教师总结　大家可能受到黑板上雄性果蝇染色体模型的干扰，只关注一对同源染色体。这两种摆法都符合减数分裂过程的行为变化规律，所以都是合理的。也就是说，同源染色体分离、非同源染色体会自由组合。 呈现资料　减数分裂动态过程的动画。 学生活动　观察减数分裂的具体过程。	基于任务2，学生通过模型模拟两对同源染色体的行为变化。这种体验式的主动学习促进了学生对"同源染色体分离、非同源染色体自由组合"的深层次理解。由于学生对非同源染色体不熟悉，只建构了一种模型，偏离了预设。教师对该问题的处理较仓促，建议提供非同源染色体自由组合的证据，让学生主动获取信息，修正模型，发展批判性思维。

（三）教学反思

本课时的亮点主要体现在2个方面：一是基于具体生产实践中的问题解决，关注学生概念理解的动态生成。本课时围绕"每种生物的染色体形态与数量相对恒定"和"减数分裂产生染色体数量减半的精细胞或卵细胞"展开教学，以果蝇的染色体组成和个体发育过程为教学导入，我通过关联问题的引导，让学生认识到减数分裂产生染色体数量减半的精细胞或卵细胞。学生再通过观察果蝇染色体组成模型以及常见动、植物的染色体数量，归纳出"每种生物的染色体形态与数量相对恒定"的概念，认同染色体形态与数量相对恒定对生物的重要意义。我以情境为探究主题，以问题建构探究脉络，促进学生形成对减数分裂的初步认知，引导学生科学思维的进阶。二是基于模型建构的问题探究，关注科学思维和科学探究能力的进阶。在探究减数分裂过程中染色体行为变化时，学生模拟了减数分裂过程中染色体行为变化。从简单的一对同源染色体开始，我引导学生利用有丝分裂的知识尝试模拟减数分裂过程。通过小组合作、组间评价和教师评价，学生最终形成了"染色体复制一次，同源染色体先分离，着丝粒再分裂"的科学认识。进而借助模型探究相对复杂的两对同源染色体在减数分裂过程中的行为变化，形成了"同源染色体分离、非同源染色体会自由组合"的统一认识。学生通过模型建构，归纳出了遗传信息在亲、子代细胞间传递的规律，从而形成了结构与功能观。

本课时存在的不足之处：教学节奏不够紧凑，学生成果的展示和评价还不够细致和到位。学生在建构模型的过程中，没有对减数第一次分裂和减数第二次分裂之间的时期提出疑问，我如果引导学生提出"两次分裂之间是否发生染色体复制？"这样的问题，课堂生成会更加丰富。在模拟减数分裂过程中两对同源染色体行为变化时，学生受到黑板上果蝇染色体模型的影响，认为减数第一次分裂时颜色相同的非同源染色体会分到同一个细胞中，没有用动态的观点去分析，我也没有对此进行深入分析，处理得有些仓促。如果增加相应的染色体模拟活动将会更好地帮助学生解决疑惑。

（四）总体评析

1. 创设真实情境，在活动中建构概念。

创设的情境应是真实和生动的，应是与学生的生活实践密切相关的。本课时以"浙江杨梅果蝇的防治问题"这个生产实践中遇到的问题为情境，探究果蝇生殖细胞的产生过程，学生在活动中建构了"每种生物的染色体形态与数量相对恒定"和"减数分裂产生染色体数量减半的精细胞或卵细胞"的概念。该情境贴近学生的实际生活，又结合了现代生产实践，极大地激发了学生的学习兴趣与学习动力，为学生后续的学习提供了聚焦场景。本课时概念的建构由学生主动完成，学生以小组为单位展开，对问题进行了回答、分享，教师只是课堂活动的组织者和引导者。这样的处理充分体现了学生的主体地位。

2. 基于模型与建模，落实科学思维与科学探究。

本课时通过体验式的模型建构，对减数分裂过程中的染色体行为了进行探究。探究进程从简单到复杂，教师引导学生以一对同源染色体的行为变化入手，厘清了减数分裂"染色体复制一次，同源染色体先分离，着丝粒再分裂"这一观点；再建构两对同源染色体的行为变化模型,形成了"同源染色体分离、非同源染色体自由组合"的统一认识。教学过程中教师注重科学思维的进阶,引导学生对染色体行为变化进行猜想与演绎,激发了学生勤于动手、敢于动脑、乐于探索的科学探究精神。通过对其他小组模型的比较与评价,学生发展了批判性思维。同时,本课时提供了果蝇染色体组成模式图等资料,可以引导学生小组活动提取信息,提升了学生的信息归纳与概括能力。

3. 借助问题导向,注重生生合作与评价。

本课时借助问题解决,采用任务驱动,以小组合作的形式进行。教师设置系列生成性问题,层层引导学生认识果蝇的染色体组成和个体发育过程,可以促进学生理解每种生物的染色体数量相对恒定及其对生物的重要意义,不断吸引学生的课堂注意力。在小组活动与分享的过程中,教师侧重开展小组间的互相评价,小组之间的有效学习互动,促进了学生不同观点之间的交流和碰撞,修正观点,形成共识,培养了学生的合作意识。

4. 改进建议。

本课时情境的呈现方式较为单一,建议教师结合引人入胜的视频、新闻资料等方式,让情境多元化,以更好地激发学生的学习兴趣与动力。建议教师在建模过程中增加科学史与生物学事实的支撑,让学生自主结合史实进行分析。建议教师要注重引导学生组内分工,明确的分工能有效提高小组成员的课堂参与度,也有利于提高小组活动的有效性。

(本课时由嘉兴高级中学王铭志老师执教)

课时2 染色体通过配子传递给子代(2)

(一)课时概念解析

本课时的概念为"染色体通过配子传递给子代",该概念的建构需要以下基本概念和证据的支持。

1. 性原细胞产生染色体数量减半的精细胞或卵细胞。
2. 性原细胞产生配子时染色体行为呈现规律性变化。
3. 受精作用使受精卵中的染色体数量得到恢复。
4. 有性生殖的生物体通过减数分裂为生物的变异提供可能。

（二）课堂实录

教学环节	课堂实录	专业点评
课前任务：建构减数分裂过程模型	呈现资料　播放两次减数分裂具体过程的动画。 教师引导　在减数分裂形成精细胞的过程中，染色体发生了一系列的变化。请以小组为单位进行讨论，解决以下两个问题，并且借助所给的软磁贴染色体模型对上节课的模型进行补充完善，建构完整的减数分裂过程模型：①减数第一次分裂中，同源染色体有哪些关键行为可以实现其分离？②减数第二次分裂中，着丝粒分裂前的染色体关键行为有哪些？ 学生活动　讨论并以小组为单位建构减数分裂过程模型。	教师运用多媒体课件动态展示了精细胞的形成过程，把微观、抽象的图像串联成连续的过程，对上节课的模型进行补充，培养了学生观察和信息提炼的能力。
任务1：描述精细胞形成过程不同时期的特征	教师陈述　果蝇的一个精原细胞经过一次染色体复制和两次细胞分裂最终形成了4个精细胞。这两次分裂过程可以人为地将其分成减数第一次分裂和减数第二次分裂。 学生活动　分享减数分裂过程的模型。结合课前的两个问题，建构完整的减数分裂过程。每组派一位观察员去看看其他小组的模型，观察结束后各小组展示模型。 学生回答问题①　同源染色体的以下关键行为可以实现其正确分离：同源染色体相互配对，配对的同源染色体整齐排列在赤道面上。不同组学生展示非同源染色体的不同组合情况。 师生归纳　同源染色体分离的同时，非同源染色体自由组合。 呈现资料　蒙特哥摩里（Montgomery）等科学家做了大量的观察，发现在减数第一次分裂过程中，一半来自父本和一半来自母本的染色体要先两两配对（即同源染色体配对），然后才分开进入配子中。这个结论得到了萨顿（Walter Stanborough Sutton）等科学家的证实。 教师提问　同源染色体两两配对，称为联会。配对后的每对同源染色体称为四分体。那么，为什么叫四分体？ 学生回答　配对后的每对同源染色体都含有4条染色单体。两条染色体靠近时形成一个四分体。 教师陈述　请某一组同学展示模型，回答问题②。 学生回答问题②　减数第二次分裂时，着丝粒排列在中央赤道面上，随后着丝粒分裂，染色体分离。 学生活动　观察比较，形成统一观点。 教师小结　根据同学描述的染色体行为变化特征，可将减数第一次分裂人为地划分为前期Ⅰ、中期Ⅰ、后期Ⅰ、末期Ⅰ4个时期；将减数第二次分裂划分为前期Ⅱ、中期Ⅱ、后期Ⅱ、末期Ⅱ。 学生活动　归纳精细胞中染色体组合的多样性。 教师提问　结合模型与前期Ⅰ细胞的显微摄影图像（图2-5），讨论以下几个问题：①当模拟果蝇两对同源染色体时，一个精原细胞产生的精细胞共有几种类型？②果蝇精巢内有许多精原细胞，这时	教师借助软磁贴物理模型让学生在自主交流中建构减数分裂的完整过程，通过生生评价，调动了学生的学习积极性，可以加深学生对减数分裂过程中染色体关键行为的意义的认识。 教师以事实、科学史为依据，提供了良好的学习支架，让学生明确同源染色体的分离需要先配对的事实，并掌握了"联会""四分体"的概念。 建议教师进一步提出问题"配对行为有什么意义？"，以引发学生更深层次的思考，让学生带着问题继续学习后面的知识。

续表

教学环节	课堂实录	专业点评
任务1：描述精细胞形成过程不同时期的特征	一个果蝇个体产生的精细胞共有几种类型？③请判断图中细胞处于减数分裂的哪一个时期，你的理由是什么？④这种现象增加了精细胞染色体组合的多样性，试猜测这是发生在什么之间的，你是怎样分析的？⑤请归纳精细胞中染色体组合多样性的原因。讨论形成共识后由发言人汇报。 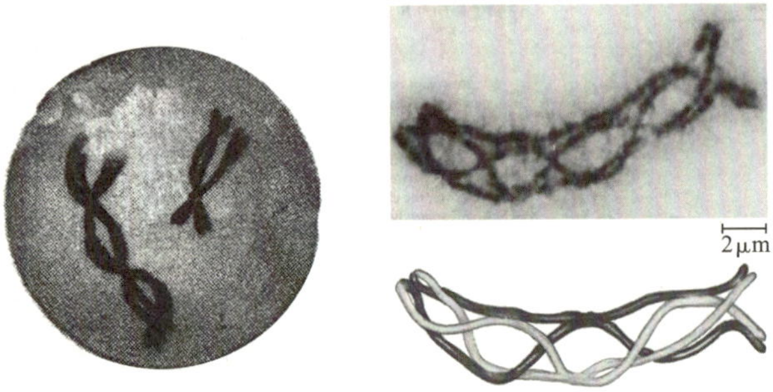 图 2-5 前期Ⅰ细胞图及前期Ⅰ染色体图 **学生交流评价** ①两种。②四种。③前期Ⅰ，图片展示的是同源染色体的交叉互换。④同源染色体的非姐妹染色单体之间发生染色体片段的交换。⑤非同源染色体的自由组合、染色体片段交换。 **教师提问** 我觉得问题②的答案不太正确，请大家再思考一下：一个精原细胞与一个个体是否一样呢？果蝇有几对同源染色体？ **学生回答** 问题②的答案是2的4次方，16种。 **教师小结** 交叉互换可以发生多次，发生交换的位置是多样的。多样的子代可以适应多变的环境，有利于生物的进化和适应。	教师通过让学生判断显微细胞图像所处时期，帮助学生巩固了前期Ⅰ染色体行为变化的相关知识。 建议教师展示交叉互换后精细胞的染色体组成，以帮助学生更加直观地感悟染色体行为变化对配子多样性的意义，渗透生命观念中的进化与适应观。
任务2：比较精子和卵细胞形成过程的异同	**呈现资料** 果蝇精子图（图2-6）。 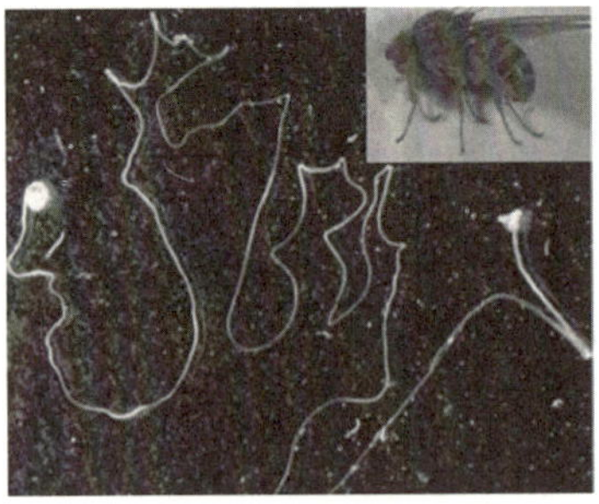 图 2-6 果蝇精子 **教师引导** 讲解并板书受精过程。精细胞经变形后形成有活性的精子，精子将与卵细胞结合形成受精卵。受精作用使受精卵中的染色体数量得到恢复。那么卵细胞是如何形成的？	

教学环节	课堂实录	专业点评
任务2：比较精子和卵细胞形成过程的异同	呈现资料　卵细胞形成过程示意图（图2-7）。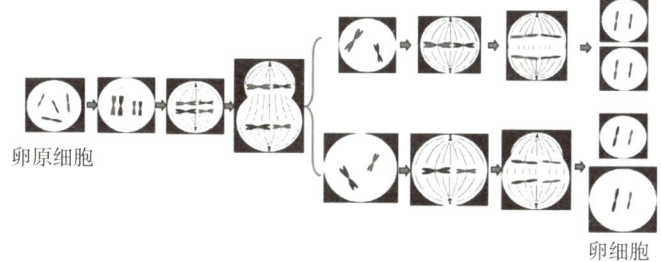 图 2-7　减数分裂形成卵细胞的过程 学生活动　小组观察、思考与讨论以下几个问题后发言：①卵细胞形成过程与精子形成过程中的染色体行为一样吗？②卵细胞的形成与精子的形成过程相比，有何差异？③请指出不同时期细胞的名称。④相比极体，卵细胞体积较大，这对于生物体的受精与胚胎发育有何意义？ 学生交流分享　①卵细胞形成过程中的染色体行为与精子的一样。②两者的差异是卵细胞形成过程中细胞质不均等分裂，精子的形成有变形过程；一个卵原细胞最后形成一个卵细胞，一个精原细胞最后产生4个精细胞。③学生结合课件指出初级卵母细胞、次级卵母细胞、第一极体、第二极体。结合板书指出复制后的细胞为初级精母细胞，减数第一次分裂产生的子细胞为次级精母细胞。④只形成一个卵细胞，卵细胞细胞质丰富，营养物多，为受精卵提供了营养支撑。	观察卵细胞形成过程图和归纳精、卵细胞形成过程的差异，可以提高学生的自学能力和概括能力。 对于任务2的问题③，建议教师可以先给出减数分裂过程中的细胞名称，对一些关键词如"初级""次级"等进行解读后再让学生判断细胞类型。
任务3：建构减数分裂中遗传物质数量变化模型	教师总结　随着染色体行为的规律性变化，其数量也呈现一定的变化规律。 学生活动　根据模型，以两对同源染色体为例填写表格（表2-2），总结减数分裂各时期染色体数、核DNA数以及同源染色体对数的变化。 表 2-2　减数分裂过程中染色体数、核DNA数和同源染色体对数的变化 | 项目	间期	减数第一次分裂				减数第二次分裂			
---	---	---	---	---	---	---	---	---	---
		前期	中期	后期	末期	前期	中期	后期	末期
染色体									
核DNA									
同源染色体的对数									| 教师总结　数学模型能定量地描述生命物质变化的过程，一个复杂的生物学问题借助数学模型能转变成一个数学问题。其中，曲线图或柱状图的形式能更加直观地反映数量的变化趋势。请同学课后将实物模型转化为数学模型，并将表格中的数据转换成更加直观的曲线模型，同学之间可以相互分享和比较。	教师让学生课后将物理模型转化为数学模型，可以培养学生的概括能力和抽象思维能力，这是一种高阶的思维转换。

续表

教学环节	课堂实录	专业点评
任务4：分析三体果蝇的减数分裂	**教师提问** 果蝇通过减数分裂和受精作用保持了遗传信息数量的稳定。如果出错了呢？ **呈现资料** 果蝇群体中偶尔会出现Ⅳ号染色体多一条的个体（三体）（图2-8）。此类型个体均能正常生活，在减数分裂时，三条同源染色体中的任意两条配对并正常分离，另一条染色体随机移向细胞一极，各种配子的形成机会和可育性相同。 图2-8 三体果蝇体细胞染色体模式图 **教师提问** 请阅读三体果蝇的资料，小组讨论并回答以下两个问题：①请分析这种三体异常果蝇出现的原因，并借助软磁贴模型演示其中一种可能。②该三体雄果蝇的次级精母细胞中，Ⅳ号染色体可能有多少条？ **学生回答问题①** 展示模型，并总结三体异常果蝇出现的原因：减数第一次分裂异常，同源染色体未分离，或是减数第二次分裂异常，着丝粒分裂后染色体移向同一极。 **学生回答问题②** 该异常三体雄果蝇的次级精母细胞中，Ⅳ号染色体可能有1、2、4条。	概念理解的一个重要方面就是对新概念的迁移应用。教师通过创设新的问题情境，提供一种异常的染色体组成情况让学生分析，可以促进学生对知识的深层次理解和迁移应用。 教师提供物理模型作为抽象思维的脚手架，让学生利用模型演绎异常果蝇出现的原因，促进了学生的理解。
课堂总结	**教师总结** 对果蝇减数分裂中染色体行为和数量的分析是研究果蝇遗传与变异的重要基础。在其生殖过程中还存在很多其他的异常现象，这些现象留待同学们课后去查阅资料和分析。	教师鼓励学生关注生活中的变异现象，渗透社会责任，提高了学生获取信息和概括的能力。

（三）教学反思

本课时的亮点主要体现在3个方面：一是基于任务驱动的小组活动，在问题解决中建构概念。本课时承接上一课时，我以减数分裂模拟动画为导入，以科学史和生物学事实为依据，引导学生指出"同源染色体的分离需要先配对"的事实，进而帮助学生解决问题并完善软磁贴实物模型。学生在学习过程中明确"性原细胞产生配子时染色体呈现规律性的变化"。学生根据非同源染色体的自由组合与交叉互换显微图像，领悟染色体行为变化对配子多样性的意义,建构了"有性生殖的生物体通过减数分裂为生物的变异提供可能"这一概念。然后我引导学生观察、对比精、卵细胞形成过程图,以问题讨论的形式指出精、卵细胞形成过程中的差异及意义。在此基础上,再引导学生建构遗传物质数量变化数学模型,直观地呈现了染色体数的变化。整个课堂以体验式教学的形式展开,学生在活动中进一步阐述了"性原细胞产生染色体数量减半的精细胞或卵细胞"。二是基于模型的建构与转化,关注科学思维的进阶。本课时重点培养科学思维中的模型与建模能力。学生借助软磁贴实物模型,在交流中建构减数分裂的完整过程,加深了对减数分裂染色体关键行为的理解。在厘清减数分裂过程中染色体和核 DNA 数量后,我引导学生将实物模型转换成数学模型,进而总结减数分裂过程中遗传物质的变化规律。最后,学生能运用建构的模型进行演绎推理,解释三体果蝇的形成。另外,在解释个体产生配子多样性的原因时,学生通过观察交叉互换显微图像,比较了精细胞染色体组成的异同,提高了总结归纳的能力。通过任务驱动,学生在观察卵细胞形成过程图中得以解决问题;通过小组讨论交流,学生比较了卵细胞与精子形成过程中的异同,提升了自学与比较的能力,领会了勤于动手、乐于探索的精神,主动参与了知识的建构。三是基于概念的迁移与应用,渗透进化与适应观。在本课时中,学生通过观察模型和数学计算,指出非同源染色体自由组合会导致精细胞种类的多样。然后我进一步呈现生物学事实——非姐妹染色单体之间交叉互换的显微图像,学生在阐明精细胞种类多样性原因的同时,建构了"有性生殖的生物体通过减数分裂为生物的变异提供可能"这一概念。在阐明果蝇通过减数分裂和受精作用保持了遗传信息数量稳定的基础上,我创设新情境,让学生解释三体变异果蝇的现象,进一步渗透了进化与适应观。

本课时存在的不足之处:在课堂实施过程中,有几处问题的引导缺乏深度,学生没有进行深度思考。例如,学生解释果蝇变异实例——三体果蝇现象时,我没有适时地进行问题引导,导致小组汇报缺乏深度,生生评价效果不显著。

(四)总体评析

1. 基于模型与建模,促进思维进阶。

模型作为对真实事物关键要素的提炼,能够促进学生对事物本质的理解和认知进程。本课时首先采用染色体实物模型,让学生在模拟活动的体验中建构减数分裂的具体过程,充分发挥学生的主体意识和合作学习意识,促进了概念理解的自主性生成。在此基础上,教师引导学生对物理实物模型进行转化,建构染色体数、核 DNA 数和同源染色体对数变化的数学模型,这种从具体到抽象的教学处理方式符合学生认识事物本质的规律。学生在建构数学模型过程中实现了对具体事物认知的超越,在加工抽象事物信息的过程中实现了科学思维水平的进阶,促进了科学思维的高阶发展。

2. 分析现象和事实，形成生命观念。

学生在探究减数分裂过程染色体行为变化的活动中，通过不断探讨、分析和交流等环节，认识到生命活动的复杂性和规律性。在分析染色体关键行为变化时，教师进一步引导学生分析染色体形态变化和位置变化对细胞分裂的意义，渗透了生命观念中的结构与功能观。教师还通过让学生分析个体产生多种配子的原因，引导学生思考减数分裂过程中交叉互换、非同源染色体自由组合对生物有性生殖的意义，渗透了生命观念中的进化与适应观。

3. 聚焦概念的理解，实现迁移应用。

概念理解包括两个重要的方面：一是概念之间的联系；二是概念的应用。教师在学生完成概念的初步建构后，提供了一个新的问题情境让学生解决。面对新的问题情境，学生需要对所学概念性知识进行深入加工才能最终解决问题。在此过程中，学生对概念中核心要素和关键要素的理解更加深刻，对概念的内涵和本质也有了进一步的认知，实现了对概念的深层次理解与应用。

4. 改进建议。

为了更好地建构相关概念，建议教师补充有丝分裂有关指标的数学模型。在对卵细胞进行分析时，教师可以让学生利用必修1模块"模拟探究细胞的大小与扩散作用的关系"的知识分析卵细胞的特殊性。建议教师在对比精、卵细胞形成差异后进一步引导学生思考精子多、卵细胞少的现象对生物的意义，引发学生对生物进化与适应的思考。另外，在教学过程中，教师可以前置一些问题，让学生带着问题去思考减数分裂中关键行为的生物学意义，这既有利于促进学生深层次地理解概念，也有利于学生渐进形成生命观念。

（本课时由嘉善高级中学徐燕婷老师执教）

课时3　基因伴随染色体传递

课堂实录

（一）课时概念解析

本课时的概念为"基因伴随染色体传递"，该概念的建构需要以下基本概念和证据的支持。

1. 基因与染色体的行为存在平行关系。
2. 基因位于染色体上。
3. 遗传的染色体学说可以解释孟德尔遗传定律。

（二）课堂实录

教学环节	课堂实录	专业点评
创设科学史情境，导入新课	**教师陈述** 在此之前，同学们已经学习了关于孟德尔遗传定律和减数分裂的内容，那么这两者之间是否存在某种联系？ **呈现资料** 1866年，孟德尔在论文《植物杂交试验》中提出了遗传因子的分离定律和自由组合定律。 1887年，魏斯曼提出了减数分裂的概念，明确了染色体的行为变化。 1902年，萨顿提出了遗传的染色体学说，圆满地解释了孟德尔遗传定律。 **教师提问** 对这些里程碑式的科学探究过程，你还想要了解什么内容？ **学生回答** 遗传的染色体学说。	科学史情境能帮助学生搭建基因与染色体研究的认知框架，能激发学生的学习兴趣。但该环节更多的是教师的直观阐述，建议增加师生间的评价与质疑，以此激发学生的思维冲突，引发学生对基因和染色体内在关系的思考。
任务1：比较基因与染色体的关系	**教师提问** 图2-9中的两种精原细胞分别能产生哪些类型的配子？ 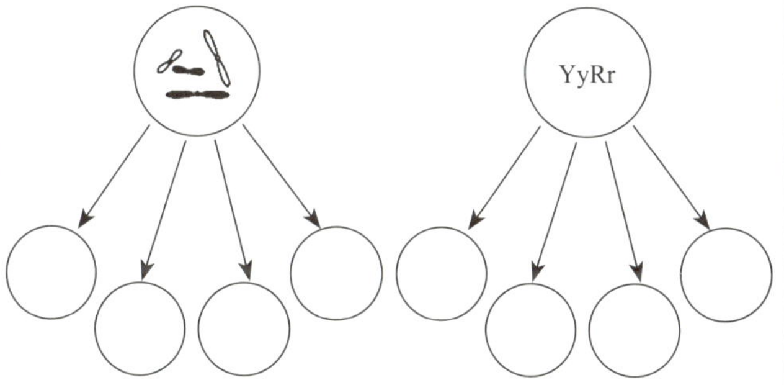 图2-9 减数分裂形成不同染色体组成或基因型的配子 **学生活动** 比较基因与染色体的行为。学生上台呈现绘图结果，其他学生相互评价后补充并修正。 **教师提问** 减数分裂过程中染色体行为与基因的行为有哪些相似的地方？ **学生活动** 从基因和染色体在体细胞和配子中的数量及其存在形式、形成配子时的组合方式、传递时的特点等几个方面进行比较和归纳。 **教师提问** 对此现象，你觉得基因和染色体可能存在怎样的位置关系？ **学生回答** 基因可能位于染色体上。 **教师引导** 引入萨顿假说的内容并做适当的介绍。	在学生活动以及展示环节之前，教师应说明活动要求，让学生明确活动目的，以免盲目操作。建议教师在活动前提出要求：分别从染色体和基因的角度分析两种精原细胞产生的配子情况，让学生明确任务主线是分别从基因和染色体两个方面展开。在请学生上台展示时，教师应提醒学生展示的位置，以便能够让其他学生清楚地看到成果。

续表

教学环节	课堂实录	专业点评
任务2：探究摩尔根果蝇杂交实验	**教师引导** 摩尔根对孟德尔遗传定律和萨顿假说持怀疑态度，他一直致力于实验研究，想要反驳上述理论。 **呈现资料** 摩尔根选择果蝇作为实验材料的原因以及摩尔根果蝇杂交实验图解（图2-10）。 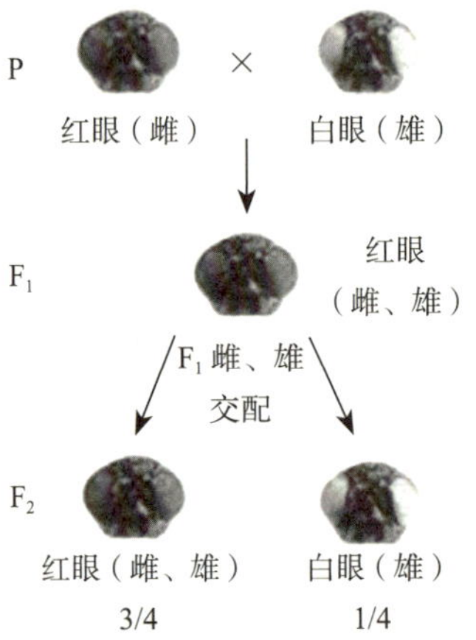 P 红眼（雌） × 白眼（雄） ↓ F_1 红眼（雌、雄） ↓ F_1 雌、雄交配 F_2 红眼（雌、雄） 白眼（雄） 　　　3/4　　　　　1/4 图2-10 摩尔根果蝇杂交实验 **教师提问** ①果蝇红眼和白眼遗传是否符合基因分离定律？②红眼、白眼哪个是显性性状？③果蝇的白眼遗传有什么特点？ **学生回答** 回答这3个问题，并总结该实验中白眼性状遗传只出现在雄性果蝇中。 **教师追问** 为什么F_2中红眼与白眼的数量比例是3∶1，且白眼性状只出现在雄果蝇中？ **教师陈述** 雌、雄果蝇体细胞中各有3对常染色体和1对性染色体，如图2-11所示。其中雌、雄果蝇染色体组成的差异在于雌果蝇中有两条X染色体，雄果蝇中有1条X染色体、1条Y染色体。对此，你认为白眼基因（w）可能位于哪条染色体上？ 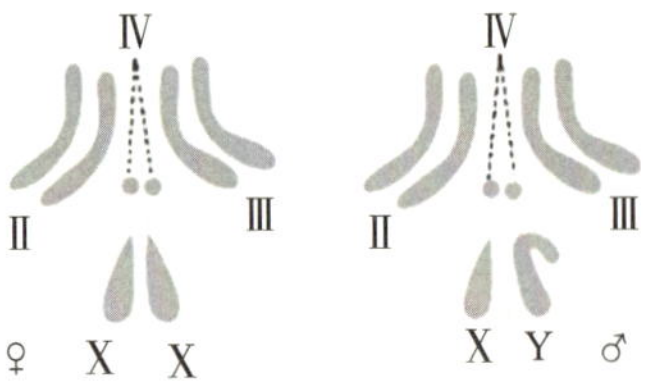 Ⅳ　　　　　　Ⅳ Ⅱ　Ⅲ　　　Ⅱ　Ⅲ ♀ X X　　　X Y ♂ 图2-11 雌、雄果蝇体细胞染色体模式图 **学生活动** 小组通过假说-演绎法分析果蝇眼色的遗传。小组讨论后派代表提出假设：白眼基因位于Y染色体上。 **教师提问** 白眼基因位于Y染色体上，那红眼基因在哪里？	本环节不仅深化了学生对假说-演绎过程的认识，也在活动探讨中帮助学生发展了科学思维。

续表

教学环节	课堂实录	专业点评
任务2：探究摩尔根果蝇杂交实验	教师引导　在学生小组探讨交流时，引导学生提出如下假设：①白眼基因只位于X染色体上。②白眼基因位于X、Y染色体上。 学生活动　根据各自小组选择的假设，合作利用染色体模型和眼色基因模型（红眼：+；白眼：w）解释果蝇杂交实验现象。 学生活动　某一个小组派代表上台展示（图2-12），各个小组间进行相互评价和修正。 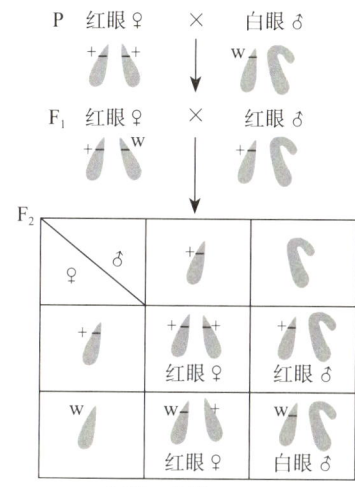 红眼：白眼＝3：1 图2-12　摩尔根果蝇杂交实验的解释 教师提问　选取哪两种表型的果蝇杂交可说明假设成立？ 学生活动　小组合作设计杂交实验，并针对假设①②预测实验结果。 教师总结　依据摩尔根测交实验结果，得出结论：控制白眼（眼色）性状的基因只位于X染色体上。 教师提问　摩尔根通过实验的方法获得了基因在染色体上的相关证据。那么基因在染色体上是怎么存在的？ 学生活动　分析资料：①每种生物的基因数量都要远远多于这种生物的染色体数量。果蝇体细胞只有4对染色体，却有1.3万多个基因。②现代分子生物学常采用荧光分子标记法测定基因在染色体上的位置。 教师提问　请根据资料分析归纳基因在染色体上的排列方式。 学生回答　一条染色体上有很多基因，基因在染色体上呈线性排列。 教师总结　通过对摩尔根果蝇杂交实验的分析，结合现代分子生物学技术，我们能够清晰认识到基因与染色体的关系，由此也引出了今天的课堂主题——基因伴随染色体传递。	本活动中学生提出了教师预设以外的想法：白眼基因位于Y染色体上。教师在评价这个观点时，理由略显单薄，后续的提问和回答可以看出学生的思维比较混乱。为有效梳理思维盲点，建议教师直接进行师生对话，得出眼色基因若仅位于Y染色体上，则雌性个体将无眼色性状，且等位基因存在于同源染色体上，不可能位于常染色体上，最后得出预设情况。

教学环节	课堂实录	专业点评
任务3：建模解释孟德尔遗传定律	教师引导　摩尔根果蝇杂交实验与现代科学研究给孟德尔遗传定律赋予了新的定义，请尝试从细胞学角度解释孟德尔定律。 学生活动　利用模型从基因和染色体的层面解释孟德尔定律。 教师引导　介绍相关模型材料，包括染色体和基因模型，以及减数分裂过程（图2-13）等。 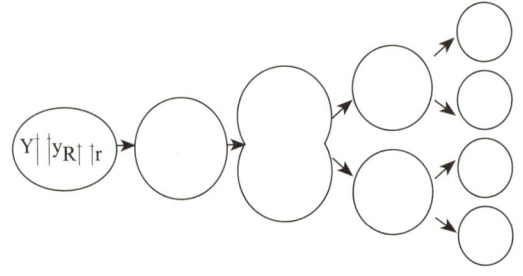 图2-13　减数分裂过程简图 学生活动　小组合作建模，解释孟德尔遗传定律，过程如下：①利用染色体模型，模拟并阐明减数分裂过程中的染色体行为变化。②然后将基因标上去，据此说出孟德尔遗传定律的实质。模拟精原细胞产生配子的过程，同时关注减数分裂中染色体行为和基因行为的变化，再进行展示。 教师评价　利用软件同步展示模式图（图2-14），并对小组的成果进行点评。 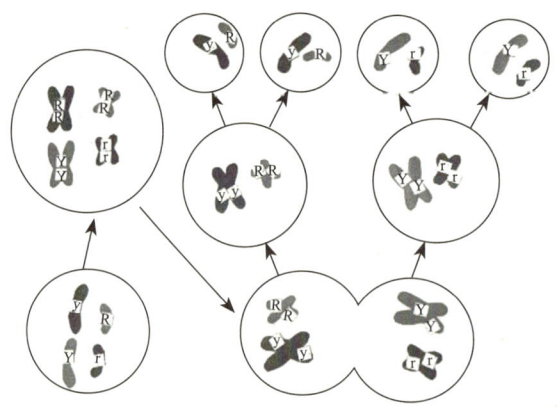 图2-14　减数分裂基因和染色体行为模式图 教师提问　能否补充解释孟德尔遗传定律的实质？ 学生回答　等位基因随着同源染色体的分离而分离，非等位基因随着非同源染色体的自由组合而自由组合。	本环节的合作探讨模式能够高效调动学生的主观能动性，以此达成渗透科学思维核心素养和培养科学探究能力的目标。 该活动较为简单，并且在这之前学生已经明确了基因和染色体的平行关系。因此建议活动评价可以由师生对话转变为生生交流，增强学生的主动性，由学生直接得出孟德尔定律的实质。

续表

教学环节	课堂实录	专业点评
任务4：知识应用	**教师陈述** 运用基因伴随染色体传递的特点，我们已经清楚地认识到了孟德尔定律的细胞学解释。但在当时的背景下还是有很多科学家在进行研究。 **呈现资料** 摩尔根和他的学生布里吉斯合作研究果蝇杂交实验时还发现了这样一个实验现象：将红眼雄蝇（X^+Y）与白眼雌蝇（X^wX^w）杂交，子代出现少量含 2 条 X 染色体和 1 条 Y 染色体白眼果蝇，请推测这种实验现象发生的原因。 **学生活动** 分析果蝇杂交实验中的异常现象。 **教师陈述** 在摩尔根果蝇杂交实验中，我们还发现了这样一个有趣的现象：用白眼雌蝇和红眼雄蝇杂交，通过眼色可以判断子代果蝇的性别；用白眼雄蝇和红眼雌蝇杂交，通过眼色却不能判断子代果蝇的性别，这是为什么？出现这些现象的原因是什么？这些问题留待同学们课后再进行研讨。	前沿的科学探究史实让学生体会到科学理论的提出是科学家孜孜不倦研究的成果，从而可以逐步养成科学探究的思维习惯。在新情境背景下运用知识，进行分析和推理，以此夯实学生对次位概念的理解。 建议教师在该活动中解释伴性遗传的基因型写法，以方便学生理解和分析。
课堂小结	**教师总结** 通过本课时的学习，我们已经清晰认识到了摩尔根果蝇眼色性状杂交实验的过程；通过对萨顿假说以及孟德尔定律细胞学解释的学习，我们也进一步感受到了科学研究发展历程的艰辛。	结尾过于仓促，建议教师抛出以下问题：为什么基因位于 X 染色体上就能表现伴随性别遗传？位于哪里的基因也可以表现伴随性别遗传？以此引出下一节内容。

（三）教学反思

本课时的亮点主要体现在 3 个方面：一是基于科学史实情境设疑，关注课堂教学主线的生成过程。本课时围绕"性染色体上的基因传递和性别相关联"开展课堂教学。以相关科学发展史为线索，本课时相继呈现了孟德尔遗传定律的发现、减数分裂过程的研究、遗传的染色体学说等科学史资料，这可以帮助学生认同科学理论的发现和完善是众多科学家前赴后继、刻苦研究的成果，然后抛出摩尔根对孟德尔遗传定律以及萨顿假说的怀疑、批判，以及摩尔根寻求实验证据解决疑点的事实。具体问题链的牵引可以帮助学生建立本课时的学习主线，以便清晰地完成相关概念的生成，逐步归纳基因伴随染色体传递的具体事实。二是基于探究任务的分析，关注科学思维的进阶。为有效渗透科学思维核心素养，本课时的任务教学中，我采用了类比推理、假说－演绎、归纳概括等方式开展探究活动教学。我引导学生通过分析讨论，阐明精原细胞产生精子过程中染色体行为和基因行为的变化，并进一步运用类比的方法对基因与染色体的关系进行合理推测，然后再借助萨顿假说的内容对学生提出的推测提供科学支撑，让学生感受成功的喜悦。在"探究摩尔根果蝇杂交实验"活动中，我设置了问题链，让学生小组合作探讨，尝试运用演绎推理的方法对果蝇眼色遗传方式进行推理和论证；在教学环节中高度重视学生基于科学事实证据提炼重要信息，以便顺利挖掘"眼色基因位于X染色体上"的证据支持。但在推理模拟活动中，学生的解释和评价过程不是很充分，我需多关注和引导。最后通过对现代生物技术研究资料分析，学生归纳整合"基因位于染色体上"的事实证据，并能贯穿主线引出"基因伴随染色体传递"的课时主题。"情境—任务—活动—评价"一体化的教学环节帮助学生厘清了基因与染色体的关系，依托具体的实验证据支撑了重要概念的形成与落实。三是基于模型建构活动，关注核心概念的落实和延伸。本课时需要达成的概念还包括对孟德尔分离定律和自由组合定律的细胞学解释。在清楚地认识了基因和染色体的关系后，学生尝试运用减数分裂的知识完成了对孟德尔遗传定律的探究。我采用模型与建模的方式开展小组活动，帮助学生夯实了基础，进一步体会到减数分裂过程中的染色体行为变化以及相关基因行为的实质。

本课时存在的不足之处：在真实的课堂背景下，我通过模型建构的模式进行教学，预设的目标都已达成。但是学生在模拟活动过程中出现了染色体行为演示出错、基因位置标错等基础性错误，此时我应组织学生通过各小组之间的评价交流，自主修正模型。在组织小组交流评价时，我给予学生展示小组成果的时间略显仓促，课堂环节的紧密度和动态生成还不够，需要设计多角度、多样化评价模式进行有效量化，以达成次位概念的建构和应用。

（四）总体评析

本课时是本单元的第3课时，向上承接着减数分裂"染色体通过配子传递给子代"，向下承接着伴性遗传"性染色体上基因的传递与性别相关联"。因此，本课时是本单元的关键课时。教师以科学史实为主线，以活动及问题链为载体，以建模为手段，帮助学生建构生物学概念，提高建模能力。教学设计和课堂实施表现出以下特点：

1. 体验科学史，让探究成为科学史课堂的重要部分。

摩尔根的果蝇杂交实验是遗传学中具有里程碑意义的实验。该实验呈现了科学家探索生物世界的艰辛历程，是学生感悟生命现象的本质、科学研究思路和方法的重要渠道。因此科学史教学是生物学教学中不可缺少的部分，教师选择科学家分析杂交实验的关键性步骤，制造认知冲突，引导学生利用假说–演绎法，在真实的实验情境下开展主动探究与知识建构，让学生体会到科学理论的提出是科学家孜孜不倦研究的成果，从而逐步养成科学探究的思维习惯。

2. 建构模型，让建模成为发展思维的重要方式。

模型建构是概念形成的重要途径，也是科学研究与分析的重要方式。本课时学生需要建构物理模型，具体阐述减数分裂过程中的染色体行为和基因行为。染色体和基因模型将文字难以表达的复杂事物以清晰的图像关系表现出来，帮助学生透彻地理解和阐释生命现象及规律，这对发展学生的科学思维有着非常重要的价值。在建模过程中，学生也逐渐掌握了建模的方法。

3. 关注学生，让学生成为课堂教学的主要角色。

在课程标准中，一个突出的话题就是以学生为主体，重视学生在教育环节中的重要作用，提高学生在课堂教学中的地位。本课时中教师经常询问学生：有没有不同的意见？有没有需要修正的地方？同意他的观点吗？可以经常看到教师走到学生当中去，耐心指导，巧妙引导，这种师生之间的平等对话体现了学生的主体性。

4. 改进建议。

单元教学设计要研究指向学科核心素养的单元学习目标、以"情境—问题—活动"为主线的单元教学蓝图和以学科素养达成为导向的单元教学评价等要素，教师评价需要多强化。在本课时的实际教学过程中，学生出现了教师预设以外的回答。教师在问题的预设上还需要多加思考，在学情分析上还需要多做功课。教师在面对预设以外的情况时，略显紧张，虽然最后对问题进行了解释，但并不是很到位。此外，该课时的一大特点是活动讨论非常多，容量比较大，这些活动有的比较简单，有的要求具有较高的科学思维。在这些活动的处理上，教师可以采用导学案的形式，课前提供预习材料等方式来了解学情，再在课上对简单问题进行回顾和整理，对疑难点进行深入探讨。

（本课时由平湖市新华爱心高级中学傅亮老师执教）

课时4 性染色体上基因的传递和性别相关联

课堂实录

（一）课时概念解析

本课时的概念为"性染色体上基因的传递和性别相关联"，该概念的建构需要以下基本概念和证据的支持。

1. 染色体组型是将生物体细胞内全部染色体按大小和形态特征进行配对、分组和排列所构成的图像。

2. 生物的性别主要由性染色体决定。

3. 性染色体上的基因伴随性染色体而遗传。

（二）课堂实录

教学环节	课堂实录	专业点评
创设情境，导入新课	**教师陈述** 上一节课我们探究了果蝇的眼色实验，并将眼色基因定位到了X染色体上。其实科学家对果蝇的许多性状都很感兴趣，如对果蝇的各种翅形，科学家就开展了一系列的实验研究（图2-15）。 P 白眼雌蝇　　红眼雄蝇　　　P 残翅雌蝇　　正常翅雄蝇 F_1 雌蝇均为红眼，雄蝇均为白眼　　F_1 雌性、雄性均为正常翅 P 缺刻翅雌蝇　　正常翅雄蝇　　　P 正常翅雌蝇　　卷翅雄蝇 F_1 雌蝇均为正常翅，雄蝇均为缺刻翅　　F_1 雌性、雄性均为卷翅 图2-15 果蝇翅形杂交实验 **教师提问** 这些实验中，什么基因和果蝇的眼色基因一样，是可以确定位于X染色体上的？为什么？ **学生回答** 缺刻翅和正常翅的基因，因为性状与性别相关联。 **教师陈述** 我们这节课需要解决这些问题：如何从果蝇的细胞中找出X染色体？X染色体上的基因控制的性状是否都与性别相关联？有何特点？	教师由科学史创设相关问题链，提出本课时的学习任务，引导学生明确学习重点。但教师在该环节应关注的重点是如何承接课时背景材料，依靠阐述的方式进行导入，建议增加一些师生互动，以增强学生的学习兴趣，调动学生的学习主动性。
任务1：建构果蝇的染色体组型，找出性染色体	**教师提问** 如何找出果蝇的X染色体？可参考教科书第40至41页，思考以下问题：①观察染色体的最佳时期是什么时候？②显微摄影的最佳角度是哪里？③染色体排列、分组和排序的依据是什么？思考后建构果蝇的染色体组型，并尝试找出果蝇的性染色体。 **学生活动** 合作建构雌、雄果蝇的染色体组型。 **学生展示** 某小组将果蝇的染色体组型贴在黑板上，并指出本组的建构方法是将染色体按从大到小的顺序排列，同时辨认了雌、雄果蝇的常染色体和性染色体。其他学生对此展开评价。 **学生回答** 显微摄影的最佳时期是有丝分裂中期，应选择染色体完整、无重叠的分裂相拍摄，这些都是为了将染色体拍摄清楚。 **教师总结** 得到清晰的染色体图像后才能对染色体的形态、大小等特征进行测量，这是建构染色体组型的关键性证据。	学生通过层层分析、建构模型，亲历染色体组型的制作，对染色体组型、性染色体和常染色体的概念有了更深的理解。 建议课堂评价过程更加多样化，例如增设质疑、结果讨论等环节，可以有效调动学生的思维活跃度。

续表

教学环节	课堂实录	专业点评
任务2：分析性别决定的多样性	学生活动　分析自然界性别决定类型的资料。 教师陈述　果蝇的性别是由XY性染色体决定的。除果蝇之外的其他生物，它们的性别是由什么决定的？带着以下问题，我们来看学案资料：①所有的生物都有性别吗？②有性别的生物都有性染色体吗？③生物的性别主要由什么决定？ 资料呈现 资料1：豌豆是一种理想的遗传学材料。其雌雄同体，严格自花、闭花传粉，自然条件下保持纯种。此外，它是进化史上比较原始的种类，依靠无性繁殖的生物没有性别之分。 资料2：大多数龟类无性染色体，其性别是由孵化温度决定的。如鳄龟在受精卵孵化期间，当环境温度高于30℃或者低于20℃时，孵出的小龟都是雌性；当温度在22—28℃时，孵出的小龟就是雄性。 资料3：蜜蜂的性别由体细胞中的染色体数决定。雄蜂由未受精的卵发育而成，共有16条染色体。雌蜂由受精卵发育而来，共有32条染色体。膜翅目昆虫中的蜜蜂、胡蜂、蚂蚁等都属于此类型。 资料4：人性别决定方式和果蝇一致。人体细胞有23对染色体，其中一对为性染色体，雌性为同型性染色体XX，雄性为异型性染色体XY，此种性别决定称为XY型性别决定，在动物中占绝大多数，全部哺乳动物、大部分爬行类和两栖类，以及雌雄异株的植物都是此性别决定类型。 资料5：家蚕的性别决定由性染色体ZW决定。家蚕体细胞中有染色体28对，其中一对为性染色体，雌性为ZW型，雄性为ZZ型。鸟类、鳞翅目昆虫、某些两栖类及爬行类动物的性别决定属于这一类型。 学生回答　微生物等无性生殖的生物，以及豌豆等雌雄同株的生物没有性别分化。龟类无性染色体，其性别是由孵化时的环境温度决定的；蜜蜂性别由染色体的数量决定；家蚕的性别是由ZW型性染色体决定的。生物的性别决定具有多样性，生物的性别主要由性染色体决定。	教师设置了问题链，结合学案引导学生总结：不是所有的生物都有性别，而有性别之分的生物，其性别的决定方式有多种多样等事实性知识。 建议教师在总结环节大胆放手让学生相互评价，以暴露学生的思维盲点，最后再小结点评。这样不仅可以提高学生寻找关键信息和用关键信息回答生物学问题的能力，还可以提高在分析的基础上进行信息提炼与概括的能力。
任务3：举例分析伴性遗传的特征	教师陈述　讲解亲代雌、雄果蝇基因型的写法。 教师提问　若只考虑红眼与白眼的眼色遗传，果蝇的基因型有几种？这些果蝇之间会有哪些杂交组合？其交配后代的基因型和表型又是怎样的呢？ 学生活动　书写果蝇种群中可能存在的基因型、杂交组合，以及对应后代类型。（仅要求写清楚亲代和子代的基因型及表型，教师给出红眼雌与红眼雄的杂交组合示范。） 学生活动　写出红眼雌（杂合、纯合）和白眼雌分别与白眼雄、红眼雄的杂交组合情况，共6种。 学生活动　分析伴性遗传的特点。	该活动规范了学生伴性遗传基因型的写法和简易遗传图解的书写，为遗传学的深入学习奠定了扎实的基础。

续表

教学环节	课堂实录	专业点评
任务3：举例分析伴性遗传的特征	**教师提问**　请关注白眼性状（伴X隐性遗传），以小组合作的方式，思考以下问题：①子代是白眼果蝇的概率分别是多少？白眼雌蝇和白眼雄蝇的概率一样吗？②图2-16的杂交组合中，F$_2$白眼雄蝇的白眼基因来自哪个亲本？是如何遗传的？请探究伴X染色体隐性遗传的特点。③图2-17所示的两种杂交情况中，对于一只白眼雌蝇而言，它的白眼基因来自哪一亲本？又会传给哪一子代？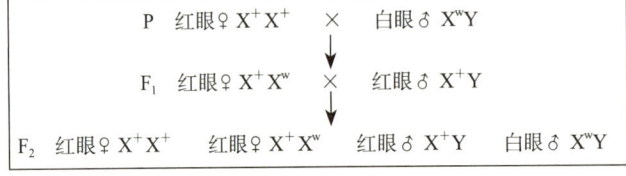图2-16　果蝇杂交遗传图解1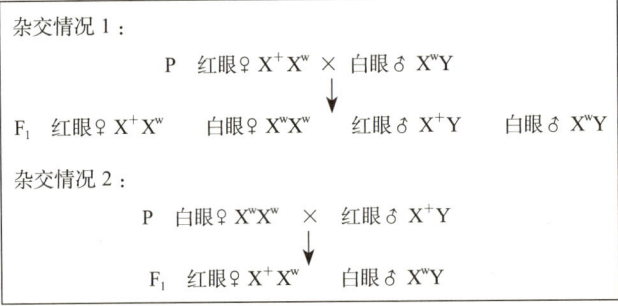图2-17　果蝇杂交遗传图解2**学生回答**　①白眼性状出现的概率可能为：50%，50%，100%，25%。其中有两种杂交情况，白眼只出现在雄蝇中。②F$_2$中的X^{w}Y，其X^{w}来自F$_1$雌性，F$_1$雌性的X^{w}来自亲本雄蝇。③对于白眼雌蝇X^{w}X^w，其X^{w}分别来自父本和母本，故父本必为白眼；其X^{w}会传给子代雌性和雄性，故子代雄蝇必为白眼。**教师提问**　请关注红眼性状（伴X显性遗传），以小组合作的方式，思考以下问题：①哪种杂交组合的后代不会出现红眼性状？②每种杂交组合中，子代是红眼果蝇的概率是多少？红眼雌蝇和红眼雄蝇的概率一样吗？③图2-18的杂交组合中，对于一只红眼雄蝇而言，它的红眼基因来自哪一亲本？又会传给哪一子代？请探究伴X染色体显性遗传的特点。P　红眼♀ X$^+$X^w　×　红眼♂ X$^+$Y ↓ F$_1$　红眼♀ X$^+$X$^+$　红眼♀ X$^+$X^w　红眼♂ X$^+$Y　白眼♂ X^{w}Y图2-18　果蝇杂交遗传图解3	通过典型杂交情况的分析和关键性问题的引导，学生在教师的帮助下归纳概括出伴性遗传的概念和特征，进一步发展了逻辑思维能力。此教学环节是突破伴性遗传重难点的关键，分析讨论的问题较难，要求较高的科学思维。建议教师适当调整问题的难度和数量，同时鼓励学生间开展讨论和交流。

续表

教学环节	课堂实录	专业点评
任务3：举例分析伴性遗传的特征	学生回答　①亲本都是白眼时，子代不会出现红眼性状。②总的来说，红眼性状更容易出现在雌性。③对于X^+Y，其X^+来自母本，母本必为红眼；其X^+会传给子代雌蝇，子代雌蝇必为红眼。 教师提问　若基因仅位于Y染色体上，伴Y遗传又会有怎样的遗传规律？ 学生回答　性状仅出现于雄性个体。 师生总结　这种基因位于性染色体上，且性状与性别相关联的遗传方式称为伴性遗传。 学生活动　判断人类遗传病的遗传方式。 资料呈现　我国曾做过一个调查，统计了1986—1989年全国37个地区的血友病发病率，发现血友病发病率为2.73/10万，其中男性发病率为5.21/10万，女性发病率为0.06/10万。从数据上看，女性发病极为罕见，但仍能传递给女性后代。试分析血友病的遗传方式。 学生回答　伴X染色体隐性遗传。	学生利用伴性遗传的概念和特点来判断血友病的遗传方式。这种循序渐进的方式有助于学生消化、理解知识，并学以致用。对于其他人类伴性遗传病特点的教学，一是建议教师通过习题引导学生进行知识的迁移；二是在后续教学中进一步分析与拓展。
任务4：知识活用，提升社会责任感	教师陈述　再回到本单元提出的杨梅果园果蝇泛滥的问题。杨梅采收期不宜使用杀虫剂，因此科学家可通过雌、雄果蝇性状上的一些差异直接挑出雄果蝇进行辐照，从而影响雄果蝇的减数分裂过程，使其生殖细胞受损，生殖力下降或丧失从而建立雄蝇不育体系。大量不育雄果蝇与正常雌果蝇交配后不能产生后代或后代的羽化率下降，从而达到防治效果。 教师提问　通过本课时的学习，请设计一个杂交实验，可以通过眼色就能筛选出雄性早期成虫。 学生活动　设计果蝇杂交实验。用白眼雌蝇和红眼雄蝇杂交，后代的红眼果蝇均为雌性，白眼果蝇均为雄性。 教师总结　果蝇小小的身躯蕴藏着数量惊人的科学信息，人类大多数的基因都能在果蝇中找到同源基因。果蝇作为模式生物，也是一个研究人类疾病的良好模型。同学们，你们好奇果蝇身上的秘密吗？请大家课后学习学案上的资料："果蝇"与诺贝尔奖。	回归本单元的主线情境，学生通过遗传学实验方案的设计和补充，发展了科学思维与科学探究能力。此外，将知识应用于生产实践，也可以提升学生的社会责任感。

（三）教学反思

本课时的亮点主要体现在2个方面：一是基于问题链的设置，关注科学思维的进阶。在分析案例、建构概念的过程中，我都非常关注问题链的设置。在任务1中，问题链可以引导学生模仿染色体组型的建构过程，简述染色体组型的概念，并从雌、雄果蝇染色体组型中找出性染色体。在任务2中，问题链可以引导学生关注性别决定方式的多样性，举例说明不是所有的生物都有性别，性染色体决定性别是性别决定的一种主要方式。在任务3中，问题链可以引导学生分析不同杂交组合及其后代性状的情况，帮助学生分析伴 X 隐性遗传、伴 X 显性遗传和伴 Y 遗传的规律，进一步归纳总结伴性遗传的概念和特点。具体问题的牵引可以帮助学生建立本课时的学习主线，明确学习任务；以真实情境为问题背景帮助学生更好地理解和应用生物学知识；螺旋式上升的问题难度以及小组合作探究的方式，可以帮助学生逐步厘清思绪，关注科学思维的进阶。二是基于单元整体的设计，关注社会责任的落实。本单元以常用的遗传学材料果蝇为单元整体学习情境，以雄性不育果蝇的培育及科学家基于果蝇的相关遗传研究为单元主线材料。根据单元学习情境，本课时需要学生通过建立雄性不育果蝇体系来解决本单元提出的杨梅果园果蝇泛滥的问题。学生在学习了果蝇眼色遗传特点的基础上，运用伴性遗传的规律在新情境中进行分析和推理，尝试设计简单实验，以通过眼色筛选雄性早期成虫并进行辐照处理，从而建立雄性不育体系。该任务体现了单元设计的整体性，也关注了学生的知识应用能力，强调了社会责任的落实。

本课时存在的不足之处：总的来说，大多数的预设目标都在课堂中完成了，但对于高一学生而言，阅读的材料容量大，伴性遗传的规律分析难度高，课时安排非常紧凑。在"建构果蝇染色体组型"活动前，我只对活动做了大致的描述，未对资料和模型材料做详细说明与介绍，使得学生不明确活动任务，花费了较多时间去研究。在任务 3 举例分析伴性遗传的特征时，留给小组成员之间交流、探讨、展示的时间较少，缺乏生生互评、交流的机会。最后，果蝇不育体系杂交方案的设计也由原本预设的学生探究改为从黑板上选出所需的杂交组合，所要求的科学思维难度有所下降。

（四）总体评析

本课时教师主要围绕"情境—任务—活动—评价"的方式开展课堂教学，串接课堂教学主线内容，呼应了单元"果蝇"情境主题，达成了建构概念、发展科学思维核心素养的终极目标。

1. 聚焦情境设置问题链，有效促进概念理解。

教科书中本课时呈现了多个概念：生物的性别主要由性染色体决定，性染色体上的基因伴随性染色体遗传。为有效促进学生对概念的理解，教师围绕单元情境展开了问题链的设计与呈现，以"如何从果蝇体细胞中寻找性染色体？伴性遗传具有怎样的特点"等问题为线索，组织学生开展了小组探究活动与评价。果蝇染色体组型的建构、伴性遗传特点的归纳等环节全方位引导学生对核心问题进行了解析，从而有效支撑学生发展科学思维。

2. 围绕活动建构多样模型，有效落实概念渗透。

为有效渗透概念教学，落实科学思维核心素养，课堂教学常采用建模的方式重构抽象的文字内容以使其具象化。本课时教师组织学生通过小组活动完成了果蝇染色体组型物理模型以及果蝇眼色性状遗传图解概念模型的建构。学生亲历了模型建构的探究过程，借助资料分析、观察、思考、生生评价等手段，实现了对有关染色体组型、性染色体、伴性遗传特点等的理解和应用。此外，分组探究、动手操作等任务激发了学生的学习兴趣，为实现科学思维的发展开拓了重要路径。

3. 紧扣目标创设生成性评价，有效提升概念进阶。

从教学目标的达成性角度分析，教师围绕课时概念设计了深浅不一的分层任务，并且在各个环节都组织了教学评价。本课时以"果蝇性状的遗传"为主线，运用任务驱动教学法，推进学生的学习进程。资料分析、合作探讨建构染色体组型，总结归纳伴性遗传规律，研究果蝇相关遗传实验的意义等都为有效发展学生的模型建构、归纳概括等科学思维起到了重要支撑作用。此外，教师对基于课时难点所引申的问题进行了生成性评价，并且对课堂中学生的思维矛盾做出了合理的修正，达成了重要概念进阶的目标。

4. 改进建议。

本课时的教学，虽然注重情境设计，但更多的内容是以文字资料和问题链来呈现的。建议教师多采用影像、图文的方式来呈现情境，以充分调动学生的主观能动性，有效渗透事实性概念。此外，建议教师将生生评价作为评价环节关注的重点，而不是以教师点评为主。想方设法将学生的思维盲区暴露出来并加以纠正才是课堂教学的真实本质。

（本课时由嘉善高级中学李秋燕老师执教）

单元 3

亲代传递给子代的遗传信息主要编码在 DNA 分子上

一、单元教学分析

本单元是必修 2 模块的第三章内容，主要从分子水平阐述遗传的物质基础。绝大多数生物以 DNA 为遗传物质，少数不含 DNA 的生物遗传物质是 RNA，所以 DNA 是主要的遗传物质。基因通常是具有遗传效应的 DNA 片段，其碱基排列顺序编码了遗传信息。遗传物质的结构决定了它的遗传功能，DNA 具有携带遗传信息和表达遗传信息的功能，一方面 DNA 通过半保留复制，保持了遗传信息的稳定性；另一方面，DNA 存储的遗传信息决定蛋白质的结构，进而影响生物的性状。生物界遗传密码的通用性和某些基因中碱基序列不变，但表型改变的表观遗传现象是由于表观遗传修饰使得基因的表达功能受到影响，这些从分子水平上解释了生物的多样性和统一性，帮助学生形成进化与适应观。

通过必修 1 模块和必修 2 模块单元 1、单元 2 的学习，学生已经具备了蛋白质与核酸的元素组成、同位素示踪技术等相关知识，这为本单元内容的学习奠定了认知基础。但是本单元内容是从分子水平揭示遗传的物质基础，需要学生具备较强的逻辑思维能力和归纳分析能力。本单元概念众多，且学生缺少直观的体验，因此教师教学时要循序渐进，充分利用科学史，并设计问题串以减小思维坡度，一步步引领学生建构概念。DNA 复制和表达过程抽象难懂，可以通过建构 DNA 结构和基因表达等模型，帮助学生达成"遗传信息控制生物性状"概念，在建构的过程中发展科学思维和科学探究等素养。

二、单元概念解构

本单元聚焦课程标准中的重要概念"亲代传递给子代的遗传信息主要编码在 DNA 分子上"。本单元内容是次位概念"核酸是储存与传递遗传信息的大分子"的延续和深入，支持"碱基的替换、插入或缺失会引发基因中碱基序列的改变"等概念的学习，并支撑大概念"遗传信息控制生物性状，并代代相传"的建构。本单元教学分为 6 个课时，分别对应 5 个次位概念，其中第 4 个次位概念分 2 个课时完成，共同聚焦本单元的重要概念。这些概念之间的关系如图 3-1 所示。

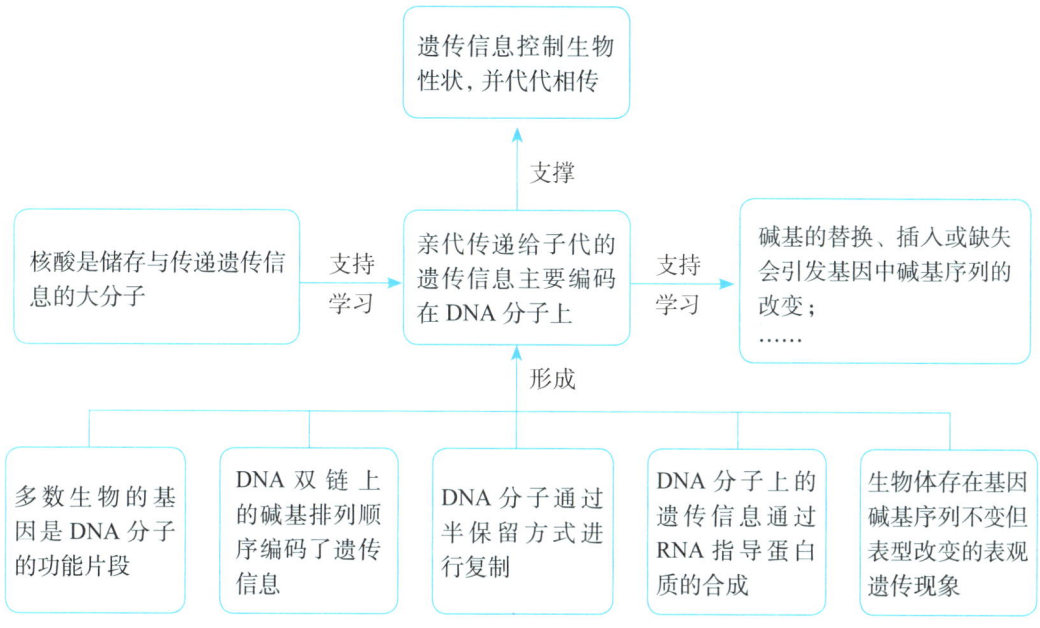

图 3-1　单元 3 相关概念间的关系

三、单元目标

(一)学习目标

1.通过 DNA 结构、转录和翻译过程等模型的制作，学习模型与建模的研究方法，并能从结构与功能观的角度阐明 DNA 作为遗传物质的特点以及遗传信息在大分子之间的传递。

2.通过对噬菌体侵染细菌等实验的分析以及 DNA 复制过程的探究，尝试运用证据解释现象，总结归纳生物遗传的物质基础，阐明 DNA 复制的过程、特点和意义。

3.通过归纳与概括、推理与论证等科学思维方法，分析相关的科学史资料，能概述遗传信息的表达，阐明遗传密码及其在遗传信息表达中的作用。从镰刀形细胞贫血症的两种基因治疗方案入手，总结性状与基因之间的关系。

4.通过对核酸是遗传物质的证据以及 DNA 复制方式的探索，初步学会根据实验目的选择恰当的研究材料、技术方法，设计实验并预测实验结果，并能尝试分析影响实验结果的原因。

5.通过对核酸是遗传物质、中心法则及其发展等内容的学习，了解科学家勇于探索的科学研究精神，认同科学研究是不断深化、不断完善的过程，加深对科学、技术和社会相互关系的认识。能用表观遗传原理解释现实生活问题，认同健康文明的生活方式。

(二)评价目标

1. 能运用结构与功能观，借助模型举例说明DNA作为遗传物质的特点，以及DNA、RNA和蛋白质间遗传信息的传递。需要具备生命观念的二级水平。能以结构与功能观为指导，对不同的复制方式进行合理性评估。需要具备生命观念的三级水平。

2. 能以特定的生物学事实为基础，归纳概括生物的遗传物质以及表观遗传的机理，并能总结核酸是遗传物质的研究思路与方法。需要具备科学思维的二级水平。

3. 通过演绎与推理、模型与建模的方法阐明遗传信息传递和表达的过程，并能应用于日常生活情境。需要具备科学思维的三级水平。

4. 能对"基因治疗"等相关生物学社会议题进行理性判断。需要具备社会责任的二级水平。在给定的问题情境"镰刀形细胞贫血症治疗"中，能利用生物学重要概念或原理，通过逻辑推理阐明个人立场，做出决策。需要具备社会责任的三级水平。

四、单元教学思路

(一)单元情境

女孩珍妮幼年时被诊断为镰刀形细胞贫血症患者，她每年圣诞节几乎都在医院度过。正常人的红细胞呈圆饼状，而镰刀形细胞贫血症患者的红细胞呈镰刀形，因此会堆积在血管内，造成血管堵塞，阻碍氧气的正常运送，导致全身各处疼痛，严重时会导致骨骼退化、中风、器官衰竭等问题。该病属于罕见病，患者多在幼年时死亡。珍妮通过输血等方式进行治疗，幸运地活到了成年。

(二)核心任务

设计镰刀形细胞贫血症的诊断和治疗方案。

(三)教学流程

以支撑本单元重要概念所需的次位概念为课时学习主题，课时教学以问题、任务、活动与评价为主线展开。本单元教学流程如图3-2所示。

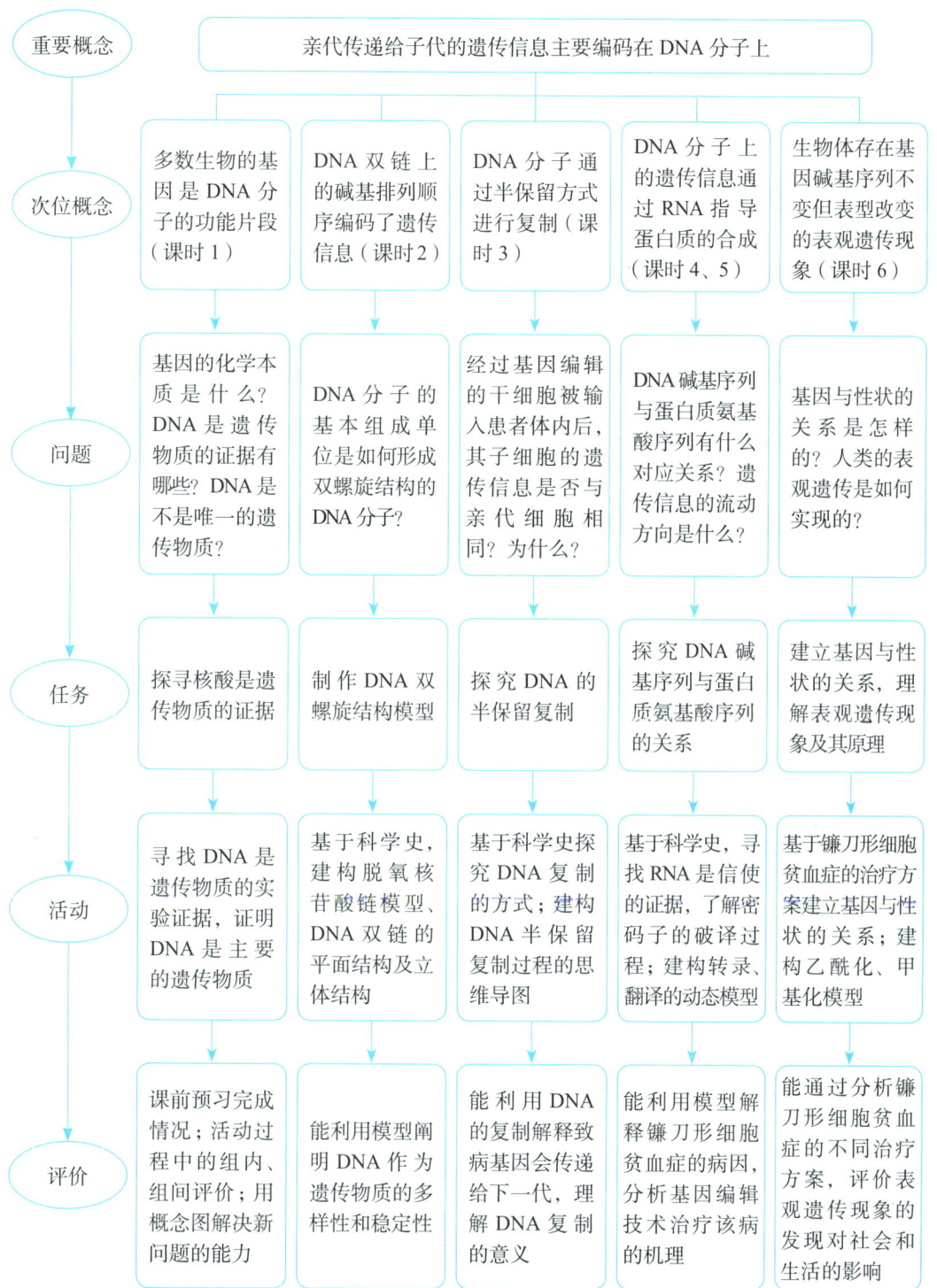

图 3-2 单元 3 教学流程

五、课时教学实例

课时 1　多数生物的基因是 DNA 分子的功能片段

（一）课时概念解析

本课时的概念为"多数生物的基因是 DNA 分子的功能片段"，该概念的建构需要以下基本概念的支持。

1. 有细胞结构的生物的基因在 DNA 分子上。
2. 有些病毒的基因在 DNA 分子上，有些病毒的基因在 RNA 分子上。
3. DNA 是主要的遗传物质。

（二）课堂实录

教学环节	课堂实录	专业点评
创设单元情境，提出核心问题	**单元情境**　女孩珍妮幼年时被诊断为镰刀形细胞贫血症患者，她每年的圣诞节几乎都在医院度过。正常人的红细胞呈圆饼状，镰刀形细胞贫血症患者的红细胞呈镰刀形，因此会堆积在血管内，造成血管堵塞，阻碍氧气的正常运送，导致全身各处疼痛，严重时会导致骨骼退化、中风、器官衰竭等问题。该病属于罕见病，患者多在幼年时死亡。珍妮通过输血等方式进行治疗，幸运地活到了成年。 **核心问题**　镰刀形细胞贫血症如何诊断和治疗？请从多个角度提出诊治方案，说明理由，并比较不同方案之间的优劣。	将罕见病镰刀形细胞贫血症的诊断和治疗作为单元情境，不仅统领了本单元的内容，也体现了 STS 教育理念。
创设课时情境，提出课时问题	**课时情境**　根据珍妮家的系谱图（图 3-3），推测该病的遗传方式。 图 3-3　珍妮家的系谱图 **学生活动**　讨论、推理出这是一种常染色体上的隐性基因控制的遗传病。 **教师引导**　染色体的主要组成成分是 DNA 和组蛋白。该致病基因的化学载体是什么？ **学生回答**　该致病基因的化学本质是 DNA。 **课时问题**　镰刀形细胞贫血症致病基因的化学本质是 DNA，说明 DNA 是遗传物质。那么，有什么证据可以证明 DNA 是遗传物质？是否所有生物的遗传物质都是 DNA？	学生对根据遗传系谱图推理遗传病的类型较为熟悉，能较快进入课时情境，这保证了单元情境和课时情境的连贯性。学生基本知道"DNA 是遗传物质"，但不清楚科学家的探索历程，为此，教师将"有什么证据可以证明 DNA 是遗传物质？"确定为课时问题。

教学环节	课堂实录	专业点评
任务1:探究肺炎链球菌的遗传物质	**过渡提问** 肺炎链球菌有多种类型,且结构简单,较为适用于探索遗传物质。哪个小组可以来分享课前对R型和S型肺炎链球菌的学习成果? **学生活动** 介绍R型菌和S型菌的特点,包括荚膜、菌落和毒性等。 **教师设疑** 如何区分S型菌和R型菌? **师生总结** ①用电子显微镜观察有无荚膜。②用培养基培养观察菌落的形态。③注射到小鼠体内,观察小鼠的存活情况。 **过渡** 1928年,格里菲思用小鼠和肺炎链球菌作为实验材料,进行了肺炎链球菌的活体转化实验。 **呈现资料** 格里菲思肺炎链球菌活体转化实验(图3-4)。 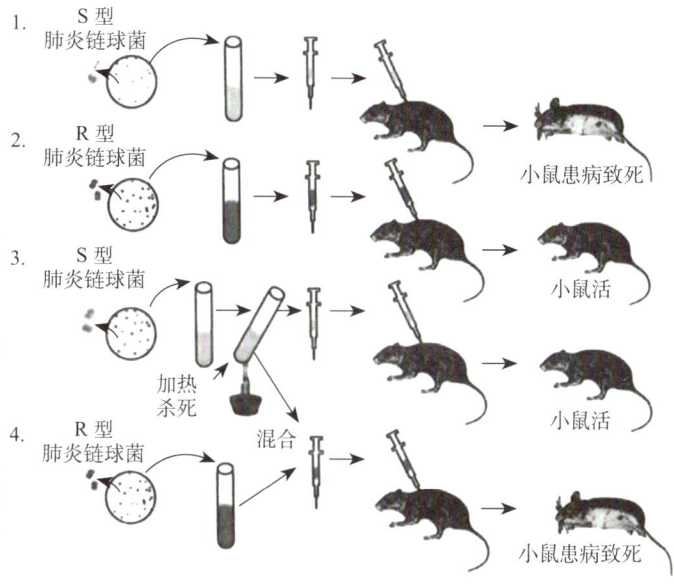 图3-4 肺炎链球菌活体转化实验 **学生活动** 以小组为单位,分析该实验的自变量、因变量,并利用变量分析法,尝试提出该实验的结论。 **学生汇报** 典型小组的汇报交流如下: 小组1汇报:本实验的自变量是注入小鼠的物质,因变量是小鼠的生活状态。根据变量分析法,我们可以得出的结论是:R型活菌不具有致病性;S型活菌具有致病性;加热杀死的S型菌不具有致病性;加热杀死的S型菌和R型活菌的混合物具有致病性。 其他小组质疑:加热杀死的S型菌和R型活菌的混合物是否具有致病性? 小组1回答:通过第4组和前3组的比较,可以得出这一结论。但加热杀死的S型菌和R型活菌混合后为什么又重新具备了致病性?	变量分析法是生物学研究的一种重要方法。教师用变量分析法分析实验结果有利于学生发展科学思维,师生共同论证第4组小鼠体内S型活菌产生的原因,有利于学生理解实验,发展科学思维。 建议:在论证过程中,教师要捕捉学生的思维难点和生长点,及时补充资料,搭建脚手架,帮助学生更好地发展科学思维。

续表

教学环节	课堂实录	专业点评
任务1：探究肺炎链球菌的遗传物质	小组3补充：加热杀死的S型菌和R型活菌的混合物恢复致病性的原因是：当两者混合重新产生了S型活菌，新产生的S型活菌导致混合物有致病性。因为从前3组的实验结果看，只有S型活菌才具有致病性。 其他小组质疑："第4组产生了新的S型活菌"这一观点，是否还有更直接的证据？ 呈现资料 科学家从第4组死亡小鼠体内分离得到S型菌。 学生质疑 混合物中的S型活菌是怎么来的？ 学生活动 针对"混合物中的S型活菌是怎么来的？"这一疑问提出各组的主张。 师生论证 师生论证"混合物中S型活菌的来源"，基本过程如图3-5所示。 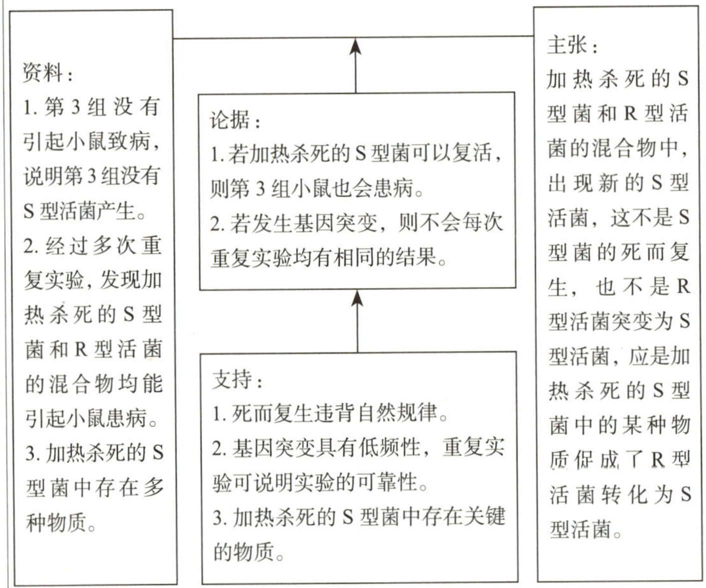 资料： 1. 第3组没有引起小鼠致病，说明第3组没有S型活菌产生。 2. 经过多次重复实验，发现加热杀死的S型菌和R型活菌的混合物均能引起小鼠患病。 3. 加热杀死的S型菌中存在多种物质。 论据： 1. 若加热杀死的S型菌可以复活，则第3组小鼠也会患病。 2. 若发生基因突变，则不会每次重复实验均有相同的结果。 支持： 1. 死而复生违背自然规律。 2. 基因突变具有低频性，重复实验可说明实验的可靠性。 3. 加热杀死的S型菌中存在关键的物质。 主张：加热杀死的S型菌和R型活菌的混合物中，出现新的S型活菌，这不是S型菌的死而复生，也不是R型活菌突变为S型活菌，应是加热杀死的S型菌中的某种物质促使了R型活菌转化为S型活菌。 图3-5 师生论证过程图 师生讨论 总结本实验的结论：S型菌中存在某种物质，即存在转化因子使得R型菌转化成S型菌。 过渡 那这种转化因子是加热杀死的S型菌中的什么物质？ 学生回答 DNA。 呈现资料 资料1：20世纪20年代，人们已经认识到蛋白质是由多个氨基酸连接而成的生物大分子。氨基酸约为20种。 资料2：当时人们测得DNA的相对分子量约为1500，4种碱基在核酸中等量存在，并简单重复。	先让学生猜想转化因子可能是什么，然后利用科学史资料，呈现当时科学家的猜想。在此基础上让学生提出假说并设计实验，利用假说-演绎法，预测实验的结果。

续表

教学环节	课堂实录	专业点评
任务1：探究肺炎链球菌的遗传物质	**教师设疑** 根据以上研究资料，你猜测哪一种物质更适合作为遗传物质，并说明理由。 **学生回答** 蛋白质，因为蛋白质有多样性，更适合储存遗传信息。 **教师引导** 受限于当时的科学技术水平，主流观点认为蛋白质是转化因子，也有科学家认为转化因子是荚膜，因为R型菌和S型菌的区别在于荚膜的不同，认为DNA是转化因子的科学家是极少数的。在这样的背景下，如果是你，你会设计什么样的实验来探究到底哪一种物质是转化因子？ **学生活动** 小组合作，设计实验探究S型菌中的转化因子，写出实验思路并根据自己的假设预测实验结果。 **师生活动** 学生组间质疑，师生讨论完善实验思路及预测的结果，如图3-6所示。 图3-6 探究S型菌中的转化因子实验 **师生活动** 教师展示艾弗里的肺炎链球菌离体转化实验结果，并引导学生对比科学家的实验结果与自己演绎推理的实验结果，得出实验结论：加热杀死的S型菌中的转化因子是DNA，DNA是遗传物质。 **思维提升** 艾弗里等人的实验和组内设计的实验相比，有什么区别？ **学生活动** 对比分析后发现，艾弗里等人的实验多了一组"DNA+DNA酶与R型菌混匀"的组别。 **教师设疑** 设立这个组别有什么意义？ **学生总结** 这个组别没有产生S型菌，证明DNA水解产物不是遗传物质。它作为对照组，有利于解决提取的DNA纯度不够高的缺陷。 **师生完善结论** DNA是遗传物质，DNA赋予了生物遗传特性。 **教师点拨** DNA是遗传物质这个结论当时并没有得到认可。一是由于"蛋白质是遗传物质"观念根深蒂固；二是由于列文的四核苷酸假说认为DNA不能储存多样的信息；三是艾弗里在论文中也十分谨慎：当然有可能由于其他微量物质造成，这些物质或者吸附在DNA上，或者与它紧密结合在一起，因此检测不出来。	学生通过对比艾弗里的离体转化实验和自己的实验设计，寻找不同，从而领会了当时艾弗里实验的巧妙之处。 建议：教师可让学生从实验设计、实验实施深入探讨选材原则、分离方法、实验观测指标以及需要的技术，从而让学生体会艾弗里肺炎链球菌离体转化实验的艰难及他勇于质疑的精神。 教师通过原因分析，对学生进行了"科学工作中要高度关注主观因素的影响"的科学本质教育。

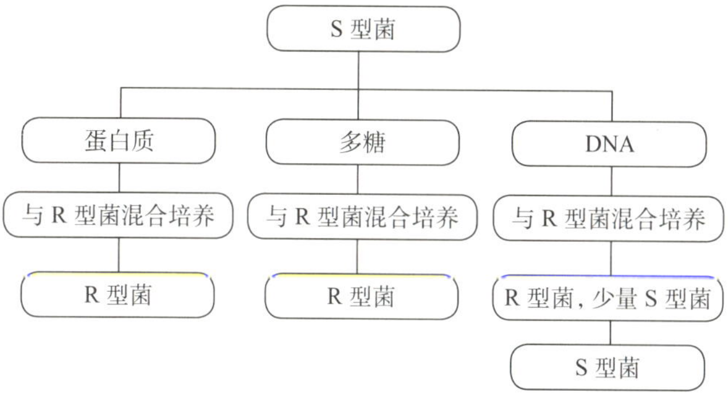

续表

教学环节	课堂实录	专业点评
任务2：探究噬菌体的遗传物质	**教师引导**　尽管科学家后续不断提高 DNA 的纯度，并且发现 DNA 纯度越高，转化的效率越高，但纯度不可能达到100%。那么有没有更好的实验材料和实验方法？ **学生回答**　病毒，因为结构简单，由核酸和蛋白质组成。 **学生活动**　根据噬菌体的模式图说出结构、组成成分和培养方法。 **呈现资料**　噬菌体侵染细菌的亚显微图像。 **师生总结**　噬菌体将某物质注入细菌中，可能是 DNA，也可能是蛋白质。应该是遗传物质注入了细菌。 **教师引导**　噬菌体在侵染细菌时注入了某种物质，这种物质进入细菌后指导子代细菌的合成，这种物质应该是噬菌体的遗传物质。那么这种物质是 DNA 还是蛋白质？请设计实验方案进行探究。 **教师提供支架**　可以从以下几个方面思考： ①实验的自变量和因变量分别是什么？ ②可用什么方法追踪 DNA 和蛋白质的去向？ ③若用同位素示踪法，该选用什么元素标记 DNA 和蛋白质？ ④如何用相应的元素标记噬菌体？ **学生活动**　小组合作讨论，写出实验思路并汇报交流。 小组2汇报：本实验的关键是探究 DNA 和蛋白质谁进入了细菌，因此我们选用同位素示踪法追踪 DNA 和蛋白质的去向。自变量为噬菌体中 DNA 和蛋白质谁被标记，因变量为被标记物质的去向。经过阅读资料发现，噬菌体 DNA 含有 P 而不含 S，蛋白质含有 S 而不含 P，故选择 ^{35}S 标记蛋白质，^{32}P 标记 DNA。我们的实验思路是：一组用被 ^{35}S 标记的噬菌体去侵染细菌，另一组用被 ^{32}P 标记的噬菌体侵染细菌，分别追踪标记物的去向，比较得出结论。 其他小组质疑：①如何使噬菌体被相应的元素标记？②噬菌体在侵染细菌过程中是相互混合的，如何区分被标记的物质是在细菌细胞内还是细胞外？ 小组2补充：①可以先用含 ^{35}S 的培养基培养细菌，使细菌的蛋白质被 ^{35}S 标记，再用此类细菌培养噬菌体，使噬菌体的蛋白质被 ^{35}S 标记。同样的方法标记噬菌体的 DNA。 **呈现资料**　噬菌体侵染细菌的实验过程。 **学生活动**　根据资料，独立梳理具体过程。 **学生汇报**　根据资料，我们认为实验的具体过程如下：①让放射性同位素标记的噬菌体与细菌混匀，保温一段时间，保温的目的是让噬菌体侵染细菌。②在搅拌器中搅拌，使细菌外的噬菌体与细菌分离。③离心分层，下层是细菌细胞，包括细胞内的子代噬菌体，上层是未侵染的噬菌体和噬菌体外壳。④检测悬浮液和沉淀中的放射性情况。 **呈现资料**　噬菌体侵染细菌的实验结果。 **学生活动**　根据实验结果，讨论分析得出结论：噬菌体侵染细菌时，注入细菌的是 DNA，而蛋白质留在细菌外。	利用噬菌体侵染细菌的图像让学生猜想可能注入的物质。在问题支架的引领下，学生自主建构了噬菌体侵染细菌实验的基本思路，整体理解了该实验。 教师引导学生相互质疑是发现学生思维困惑点的好方法。 建议：若时间允许，此处可以增设误差分析环节。

续表

教学环节	课堂实录	专业点评
任务2:探究噬菌体的遗传物质	教师设疑 若要进一步证明DNA是遗传物质,还需要如何改进以使实验更严谨? 学生总结 本实验说明DNA进入细胞,蛋白质没有进入细胞。若能检测到子代病毒也具有相应的放射性,则可进一步证明DNA是遗传物质。 师生总结 噬菌体侵染细菌时,注入细菌的是DNA,而蛋白质留在细菌外,由此推出DNA是噬菌体的遗传物质。	
任务3:探究病毒的遗传物质	过渡 我们通过肺炎球菌转化实验和噬菌体侵染细菌实验证明了基因的化学成分是DNA,即DNA是遗传物质。那所有生物遗传物质都是DNA吗?生物界有些生物没有DNA,只有RNA,如RNA病毒,那么这类生物的遗传物质是什么? 呈现资料 烟草花叶病毒的结构模式图和亚显微图像。烟草花叶病毒感染烟草实验。 学生活动 根据资料,分析实验结果,用变量分析法推测烟草花叶病毒的遗传物质。 学生汇报 本实验的自变量是侵染烟草的成分,因变量是烟草是否出现病斑及能否提取出病毒。从实验结果看,单独用烟草花叶病毒的蛋白质感染烟草,叶片无病斑,单独用烟草花叶病毒的RNA感染烟草,叶片出现病斑,并提取到烟草花叶病毒。这说明RNA是烟草花叶病毒的遗传物质。 教师引导 对这个实验结果你有质疑吗? 学生分析 烟草花叶病毒外壳蛋白和RNA分离纯度不能达到100%,因此可以增设一组用RNA酶处理过的RNA感染烟草,若烟叶正常,则说明RNA是烟草花叶病毒的遗传物质。 呈现资料 烟草花叶病毒的重建实验过程(图3-7)。 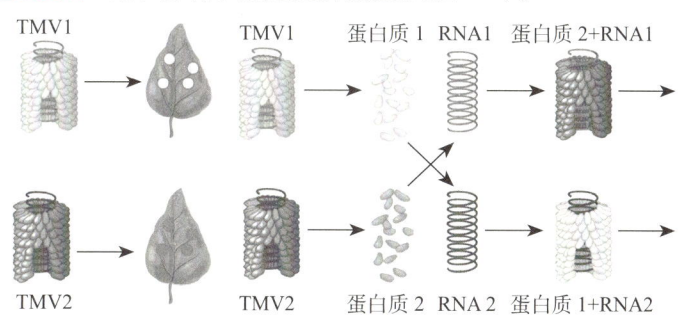 图3-7 烟草花叶病毒的重建实验模式图 学生活动 根据资料,用变量分析法推测烟草花叶病毒的遗传物质。 学生汇报 本实验的自变量是重组病毒的类型。从实验结果看,无论哪一种类型的重组病毒,其感染烟草时产生后代的类型均由RNA的种类决定,而与蛋白质的类型无关。说明烟草花叶病毒的遗传物质是RNA。 师生总结 只有RNA没有DNA的病毒中,遗传物质是RNA。	学生可以根据烟草花叶病毒的实验过程和实验结果,再通过变量分析法得出结论:没有DNA只有RNA的生物,遗传物质是RNA。 建议:为更有利于学生建构概念,教师可进一步引导学生理解病毒和有细胞结构的生物的差异。

续表

教学环节	课堂实录	专业点评
任务4：建构本课时概念图	提出任务　请用箭头、文字等画出本课时的概念图。以下术语可供参考：遗传物质、主要的遗传物质、DNA、RNA、生物、核酸、DNA病毒、RNA病毒、噬菌体侵染细菌实验、肺炎链球菌活体转化实验、肺炎链球菌离体转化实验、真核生物、原核生物、脑炎病毒、新冠病毒。 学生活动　自主建构概念图后相互交流，完善概念图。	建构概念图是一个让学生自我完善的过程，也是一个自我评价和反思的过程。
结合情境评价	评价任务　镰刀形细胞贫血症患者的遗传物质主要是DNA吗？	用形成的概念图迁移运用知识，理解DNA是主要遗传物质。
课后拓展	延伸任务　作为遗传物质的DNA，应该具备什么样的特点？	此任务为DNA结构的学习埋下伏笔。

（三）教学反思

本课时的亮点主要体现在3个方面：一是采用论证式教学。本课时在自主合作、探究学习的基础上，通过寻找事实和证据、推理和质疑等过程论证了"DNA是遗传物质""DNA是主要的遗传物质"等主张的正确性，体现了学生为主体的深度学习，提升了学生的科学分析、质疑及评价能力。二是利用科学思维组织教学。噬菌体侵染细菌实验是本课时的重点与难点，为了突破这个难点，我基于科学思维展开教学：展示噬菌体→怎么观察侵染过程→呈现噬菌体侵染细菌的亚显微图像→猜想可能发生的过程→建立假说→通过实验证明假说，层层深入分析和推理。三是利用白板提高教学评价的效率。用白板的随意拖动功能展示课前学习内容，评价预习效果，为课堂有效探究铺垫基础。

本课时存在的不足之处：一是由于学生论证过程不够充分，如对于肺炎链球菌活体转化实验第4组小鼠出现S型菌的原因分析我仅仅是通过实验对照的思想进行分析，没有提供更充分的科学史实来论证。二是噬菌体侵染细菌实验的学习环节，问题过多，限制了学生的思维空间，不能充分发挥学生的主体作用。建议这部分内容可以先铺垫其他科学家关于噬菌体的结构、生长曲线、侵染过程的研究，以支撑赫尔希和蔡斯的实验，也为实验过程中的误差分析奠定基础。

（四）总体评析

1. 单元情境创设真实有效。

单元教学需要创设课时情境、活动情境、评价情境等多种情境，而各个情境间要相互关联、互相呼应，即要做到一脉相承，这就需要有一个统领整个单元的境脉。境脉既决定着学什么，也决定着如何学；既影响学习的内容，也影响学习的方式。本课时是本单元的开篇，在教学之初创设镰刀形细胞贫血症这个情境。科学家曾对镰刀形细胞贫血症的诊治进行了长期的探索，这个真实的情境有利于培养学生的社会责任感。同时，综观整个单元，后续的每一课时都紧紧围绕镰刀形细胞贫血症的诊治展开，可见单元情境起到了很好的统领作用。更值得一提的是，镰刀形细胞贫血症也是学生学习基因突变的良好素材，因此该情境也为下一单元的学习做了良好的铺垫，实现了跨单元整合。

2. 运用假说－演绎法，促进科学思维素养的落实。

本课时涉及多个实验，主要侧重科学思维的训练，因此在课堂实施中，教师引导学生充分运用假说－演绎法，利用多个连续的推理探究问题，层层探索，再通过假设与论证、归纳与推理，循着科学家的思维路径，深度体验假说－演绎法，充分感受逻辑推理之美。在探索知识发生与发展的过程中，学生不仅建构了知识体系，也发展了自身的科学思维，提升了科学探究能力。

3. 注重生物学科学史和科学本质的学习。

学习生物学科学史能让学生沿着科学家探索生物世界的道路，理解科学的本质和科学研究的思路与方法，学习科学家献身科学的精神。艾弗里实验的教学让学生一方面领会了"科学工作要采用基于实证的范式"的科学本质；另一方面领会了艾弗里在物质纯度受限的情况下，巧妙地引入"S 型菌的 DNA＋DNA 酶"组别的意义。噬菌体侵染细菌实验的教学还原了科学探索的过程，有利于学生理解噬菌体和大肠杆菌的优点。

4. 改进建议。

进一步精心设计问题，突出核心问题。本课时设计了大量的问题，这些问题在一定程度上给予了学生学习的支架，有利于学生跟进教学进度。然而，过多的问题不可避免地限制了学生的思维，不利于学生用独创的视角来审视生物学事实，同时也掩盖了课堂的核心任务。例如，在噬菌体侵染实验的教学中，教师在教授实验思路环节中设计的问题过多，导致分析现象得出结论的环节没有深入。

进一步梳理科学研究进程，加强科学本质教育。课程标准提出教学要注重生物学科学史和科学本质的学习，并列出了 7 条在高中生物学课程中适合教授的科学本质内容。科学本质观并非是科学探究活动的伴随产物，学生对科学本质的理解需要显性教学。在本课时中，科学家对谁是遗传物质的争论和研究是帮助学生理解"科学知识具有暂时性""科学工作基于实证"等科学本质的绝佳素材。教师在本课时的教学中忽视了这一点。

进一步设计评价标准，强化"教—学—评"的一致性。教学评价可以是教师评价和学生评价，而学生评价可以是自评，也可以是他评；教学评价可以是定性评价，也可以是定量评价。无论是哪种评价，最终都是围绕学习目标进行。建议本课时在设计实验探究 S 型菌中谁是转化因子活动时，可设计相应的量表，进行定量评价。

（本课时由浙江省东阳中学张佳美老师执教）

课时 2　DNA 双链上的碱基排列顺序编码了遗传信息

（一）课时概念解析

本课时的概念为"DNA 双链上的碱基排列顺序编码了遗传信息"，该概念的建构需要以下基本概念或证据的支持。

1. DNA 分子是由 4 种脱氧核苷酸构成，脱氧核苷酸由磷酸、脱氧核糖和碱基组成，其中碱基有 A、T、G、C 4 种。

2. DNA 分子通常由两条碱基互补配对的反向平行长链形成双螺旋结构。

3. DNA 分子具有稳定性、特异性和多样性。

（二）课堂实录

教学环节	课堂实录	专业点评
衔接单元情境，提出核心问题	**创设情境**　通过上一节课的探讨，我们知道了镰刀形细胞贫血症的致病基因及其等位基因位于 11 号染色体上，且其组成都是 DNA。通过课后探讨明确了 DNA 作为遗传物质应该具有稳定性、多样性等基本特性。 **教师提问**　镰刀形细胞贫血症的致病基因与其等位基因的区别到底是什么？	基于上一课时情境，教师借助问题引导学生利用结构与功能观对 DNA 的结构进行探索。
任务1：回顾脱氧核苷酸	**呈现资料**　脱氧核苷酸模式图（图 3-8）。 图 3-8　脱氧核苷酸模式图 **教师点拨**　引导学生对比不同的核苷酸，寻找共性和差异。 **学生感知**　脱氧核苷酸由脱氧核糖（五碳糖）、碱基、磷酸三部分组成，碱基有 4 种（A、T、G、C），其中 A 和 G 是双元环，T 和 C 是一元环，脱氧核糖 5 个 C 的序号如图 3-8 所示，碱基位于 1' 位上，3' 位上有 1 个羟基，5' 位上有 1 个磷酸基团。	简单回顾脱氧核苷酸的组成和碳原子序号，以及碱基结构的特点，可以为 DNA 双螺旋结构的建立打好基础。

续表

教学环节	课堂实录	专业点评
任务2：探究单链上脱氧核苷酸的连接方式	教师提问　①作为基本结构单位的小分子脱氧核苷酸，如何形成大分子DNA，并使其具有稳定的结构？②蛋白质是如何形成的？ 学生回顾　氨基酸通过脱水缩合形成多肽，一条或多条多肽再通过一定的方式形成具有一定空间结构的蛋白质。 教师提问　DNA也是由脱氧核苷酸形成的链状结构吗？ 呈现资料　1951年，科学界认识到DNA是以4种脱氧核苷酸为单位连接而成的长链。 教师提问　3个脱氧核苷酸是怎样连接形成单链的呢？ 学生展示　展示建构的两种不同模型，分别是五碳糖和磷酸相连，磷酸和磷酸相连两种。 教师引导　基于模型，引导学生运用高能磷酸键的不稳定性排除磷酸和磷酸相连的方式。 呈现资料　化学家亚历山大所设想的DNA片段：相邻脱氧核苷酸之间通过磷酸二酯键相连，这个键是3'羟基与5'磷酸酯化形成的键。 师生总结　脱氧核苷酸通过磷酸二酯键相连，磷酸和脱氧核糖交替排列构成DNA基本骨架，此链的方向为5'至3'。 学生活动　利用已经拼好的脱氧核苷酸，将脱氧核苷酸连接成一条脱氧核苷酸长链。	蛋白质形成方式引出了DNA长链形成方式的猜想。学生利用自行建构的两种模型和DNA稳定性判断DNA正确的连接方式，发展了科学思维。此处教师也可大胆尝试让学生深入探讨，得出更多的可能性，发散学生思维，鼓励学生自己动手将脱氧核苷酸连接成一条脱氧核苷酸长链。
任务3：搭建DNA双链模型	过渡　脱氧核苷酸通过磷酸二酯键相连形成脱氧核苷酸链，那么一个DNA由几条脱氧核苷酸链构成？ 呈现资料　富兰克林拍了很多张DNA的X射线衍射图像，发现DNA翻转180°后，图像看起来还是一样。呈现DNA的X射线衍射图像（图3-9）。 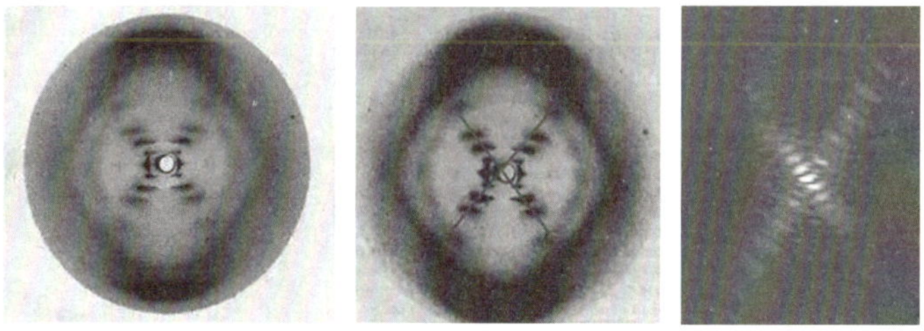 图3-9　DNA的X射线衍射图像 教师提问　DNA的X射线衍射图像说明了DNA有着怎样的结构呢？ 学生探讨　根据资料和教师自行拍摄的X射线衍射模拟实验视频，探讨DNA的立体结构模型。 师生活动　教师引导学生总结：DNA分子由两条长链构成，这两条长链形成双螺旋结构，并呈反向平行。 教师提问　一个DNA由两条脱氧核苷酸链构成，那么，这两条链是以什么样的方式连成双链的呢？	教师利用模拟实验视频引导学生探讨问题得出结论，并且通过资料推断出DNA的两条链是反向平行的，锻炼了学生的类比推理能力。但模拟实验的视频若有配音解释会比单纯的文字解释更清晰，效果会更好。

续表

教学环节	课堂实录	专业点评
任务3：搭建DNA双链模型	**学生活动** 小组合作，搭建DNA双链结构模型，并向全班同学展示模型，汇报理由。 **学生活动** 展示并介绍建构的模型1，即DNA模型中，碱基位于不同侧。 **师生探讨** 碱基可以位于不同侧吗？ **呈现资料** 碱基疏水，脱氧核糖和磷酸亲水。 **教师引导** 引导学生参考磷脂双分子层的形成，总结碱基是位于内侧，脱氧核糖和磷酸是位于外侧。 **教师总结** 磷酸和脱氧核糖交替排列，形成了DNA的基本骨架。 **学生展示** 展示建构的模型2，即DNA模型中，相同碱基配对。 **师生探讨** 相同碱基是否可以配对？ **师生总结** 相同碱基配对，碱基对的长度不同，那么DNA的结构会不稳定。 **学生展示** 展示建构的模型3，即DNA模型中，碱基位于内侧，A与T配对，G与C配对。 **教师引导** 引导学生得出：A与T配对，G与C配对，则碱基对长度差不多，两条链是平行的，DNA更加稳定。 **教师总结** DNA分子一条链上的核苷酸碱基总是跟另一条链上的核苷酸碱基互补配对，由氢键相连。其中，A与T通过2个氢键相连，G与C通过3个氢键相连，这就是碱基互补配对原则。 **呈现资料** 卡伽夫在与沃森和克里克交流时，谈到了他测定的几种DNA样本中的碱基含量（表3-1）。 表3-1 DNA样本中每种碱基的百分比 /% | 样本来源	A	G	C	T
---	---	---	---	---
人肝脏	30.3	19.5	19.9	30.3
人胸腺	30.9	19.9	19.8	29.4
青鱼精子	27.8	22.2	22.6	27.5
酵母	31.7	18.2	17.4	32.6 | **学生总结** A与T相等，G与C相等。认同A与T配对和G与C配对。 **教师提问** A+T与G+C相等吗？ **教师总结** 在DNA分子中，A与T分子数相等，G与C的分子数相等，A+T的量不一定等于G+C的量，这就是DNA分子中碱基含量的卡伽夫法则。 **师生总结** DNA两条长链按反向平行方式盘旋成双螺旋结构。一条链的方向为5'至3'，另一条链的方向为3'至5'。 **学生活动** 修正DNA结构模型。明确DNA分子的结构和特点，比较各小组的DNA结构模型，找出相同点及不同点。	教师通过科学家的结论呈现出DNA是双链的事实和特点，进一步引导学生探究碱基互补配对的方式。探究过程中学生难免会犯错，会自然而然地思考碱基配对之间的规律。教师在此基础上给出科学史资料，让学生观察并得出规律，认同A和T配对、G和C配对的事实，得出碱基互补配对原则和卡伽夫法则。 在分析碱基互补配对的基础上，修正DNA模型。以串联课堂的问题链为理论基础，修正DNA模型，发展了学生的生物学核心素养。

续表

教学环节	课堂实录	专业点评
任务4：比较DNA模型，得出DNA分子特点	**教师提问** 各小组比较双螺旋结构模型，寻找相同点。 **学生活动** 比较各组的DNA模型。部分小组汇报如下：①DNA内部的碱基对长度相等，并且有氢键相连。②外侧有磷酸和脱氧核糖交替排列。③两条长链按反向平行的方式盘旋成双螺旋结构。学生展示DNA平面图形，思考总结：这些也是DNA具有稳定性的原因。 **教师提问** 各小组比较各自的双螺旋结构模型，发现有什么不同点？ **小组汇报** 不同DNA模型的差别是碱基对的数量和排列顺序的不同。 **教师提问** ①我们做的模型有5个碱基对，如果材料足够多，理论上有多少种可能性？②如果有 n 个碱基对，那么理论上又有多少种可能性？ **学生总结** 碱基排列顺序多种多样，DNA具有多样性。各小组做出的DNA模型具有特定序列，说明DNA也具有特异性。 **教师引导** DNA作为生物主要的遗传物质，上面携带了遗传信息，那么遗传信息应该编码在哪里呢？ **学生总结** 遗传信息很丰富，而碱基排列顺序也很丰富，碱基排列顺序编码了遗传信息。	学生通过观察对比小组间的模型，得出DNA具有稳定性的特点，提升了分析归纳能力。 教师引导学生对比发现不同DNA分子的碱基排列顺序不一样后，得出DNA具有特异性和多样性的结论，并在知识迁移中明确了DNA蕴含着丰富的遗传信息。
课堂总结	**呈现概念** 总结呈现本课时的概念图，如图3-10所示。 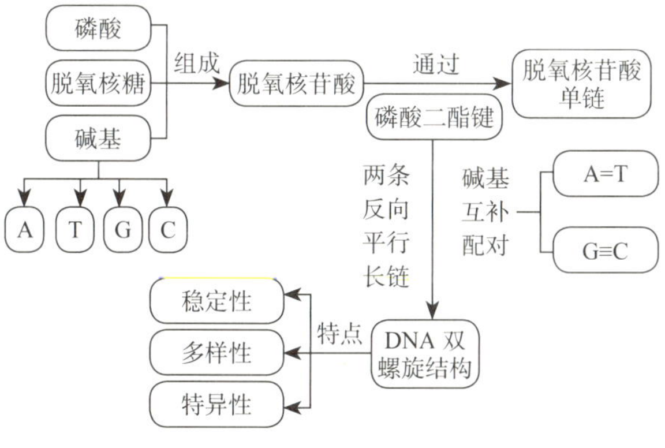 图3-10 课时2的概念图 **评价任务** ①观看视频，探讨镰刀形细胞贫血症患者DNA发生的变化。②举例说明DNA特性在生活中的应用。	本环节从具体的物理模型上升到抽象的DNA分子结构，让学生真正理解本课时的概念，掌握DNA分子的结构特点。 回归课时情境，解释致病基因的成因，可以提高学生的社会责任感。
延伸任务	**教师总结** 本课时我们跟随科学家的步伐，尝试建构DNA的双螺旋结构，感受科学研究的艰辛。事实上，DNA双螺旋结构的建立，涉及物理、化学、生物等多个领域，沃森和克里克经过努力，最终获得了成功。 **延伸任务** 镰刀形细胞贫血症患者的致病基因是如何传给子代的？	延伸任务为探究DNA复制埋下了伏笔。

（三）教学反思

本课时的亮点主要体现在 3 个方面：一是教学过程凸显"用教科书教"的教学理念。课堂上活用教科书上的科学史资料，增进学生对教科书熟悉程度的同时，启发学生思考适合自身的学习方法。其次，我延伸了科学史资料，例如 DNA 的 X 射线衍射图像，我经过了多次尝试后完成模拟实验，启发了学生的科学思维，鼓励学生多进行尝试，科学就在身边。教科书中插图丰富，课堂上多次活用教科书插图，形象展示 DNA 的结构。此外，教学中做到"用教科书教"，但又不拘泥于教科书，运用"评价任务""延伸任务"等形式发散学生思维，学以致用，将生物学知识运用到自身生活中，增强了社会责任感。二是教学方式上体现学生的主体性。建构 DNA 双螺旋结构的任务引导了学生有意识地思考 DNA 需要怎样的结构才能满足稳定的特点，最终通过比较模型，得出了 DNA 蕴含丰富的遗传信息的结论，并具有稳定性、特异性和多样性的特点。学生的参与度较高，对 DNA 结构的理解有了较好的把握。三是注重评价的即时性。我活用生生互评，使得学生对本课时内容的理解更为深刻。课堂要求学生分步骤、逐步完成 DNA 结构模型的搭建，在学生完成每一步的搭建任务后都能做到请学生评价模型的正确与否，很好地体现了生生互动。

本课时存在的不足之处：一是磷酸二酯键的说明不具体，学生能够掌握其位置，但是并不能完全理解。二是模型的选用上不够严谨，应多加斟酌，选择更加直观、操作性更强、容易上手的模型材料。本课时的重难点在于探讨 DNA 的结构，如果模型复杂，学习成本高，那么概念的建构将很难进行。三是在制作 DNA 衍射模拟实验的过程中，我尝试了多次才拍到了和科学家相似的结果，但是仍旧相差很大，图片较为模糊。录制的视频没有配音解释，只有少量的文字内容，不利于学生的理解，学生可能关注文字而忽略实验本身。四是在各小组比较模型的过程中，学生的参与度不高，模型不直观，任务指向性不明确。本课时采取的方式是两个小组相互比较，或许将所有的模型放在一起，让各小组共同探讨，会达到更好的效果。

（四）总体评析

结合本单元的整体情境，教师以镰刀形细胞贫血症的发生及治疗为线索，从单元整体出发，遵循学生学习的一般规律，改善学生目前碎片化的学习现状，有逻辑地从镰刀形细胞贫血症的治疗这一情境出发，进行连续性课时教学。课程标准中要求学生"概述 DNA 分子是由四种脱氧核苷酸构成，通常由两条碱基互补配对的反向平行长链形成双螺旋结构，碱基的排列顺序编码了遗传信息"，所以本课时着重"DNA 分子的结构"和"亲代传递给子代的遗传信息主要编码在 DNA 分子上"这两部分内容，教师让学生在提出问题、获取信息、寻找证据、检验假设、发现规律、讨论质疑等主动参与的学习过程中，学得生物学知识，发展动手能力、实践能力和创新意识，形成理性思维，全面提高科学素养。本课时教学呈现出以下特点：

1. 连贯的、真实的情境激发学生的学习热情。

生物学学科核心素养的养成离不开真实情境的支持，连贯且真实的情境深受学生欢迎，也更能激发学生的学习热情，激发探究欲和求知欲。教师课前精心收集、加工图文资料，设计探究情境。本课时以镰刀形细胞贫血症这一疾病为情境导入，以建构DNA双螺旋结构为主线任务，引发学生对DNA结构及其特点的思考，为结构与功能观的发展奠定了基础。

2. 有机运用模型探究，推动形成概念的自我理解。

建构主义学习理论认为：个体知识的获得是个体新旧经验相互作用的结果，学习的发生既不是环境决定的，也不是主观生成的；知识不是通过教师传授直接得到的，而是学习者在一定的情境，即社会文化背景下，借助其他人包括教师和学习伙伴的帮助，利用必要的学习资料，通过意义建构的方式而获得的。本课时教师通过有机结合DNA双螺旋模型的搭建活动发展学生的生物学学科核心素养，组织学生的探究性学习，显著提升了教学效果。教师在教学中注重生命观念的渗透，在提出问题、构想实验方案及问题解决等环节中促进学生科学思维和科学探究能力的发展。学生通过脱氧核苷酸模型的搭建、单链以及双链模型的搭建开展探究性活动，经历了初步感知、概念初构、概念理解、概念完善等过程，真正实现概念的自我理解。

3. 教学主线的形意关联和稳步推进。

发展学生的生物学学科核心素养是一个循序渐进、慢慢引导的过程，教师由表及里地提出结构化的、有启发性的问题串，引导学生一步步地深入思考、积极交流。本课时以"DNA双螺旋结构的搭建"为主线任务，以分步骤的任务推进学生的探究活动，稳步进行教学过程。学生通过科学史等资料的分析，小组合作搭建DNA模型，发展了模型与建模的科学思维，逐步发展了生物学学科核心素养。

4. 改进建议。

本课时给出了较多的文字资料，其中卡伽夫法则和碱基互补配对原则的资料是完全引用教科书的内容。课件可以辅助教学，提高教学的效率，建议教师精简内容，把最重要的展示出来，再结合学生的表达和教师的讲述，让课堂变得有声有色、生动有趣。

模型教学能使DNA结构更加简单明了、直观易懂，从而有利于知识的有效传播。但是本课时学生在展示模型的时候，有些小组看不清楚模型的细节，对他们来说，有被动接受、囫囵吞枣之嫌，建议教师可以结合投影等方式，尽量让所有的学生能够清晰地看到模型细节后再进行比较，这样会更加直观，提高学生的参与感，提升学生的兴趣，使学生更有效地理解教学内容。

本课时采用了科学史教学，科学史对培养学生的科学素养有重要的作用。若要将科学史融入课堂教学，教师应选择符合本课时的科学史素材，对史料要进行适当的整理。本课时符合此要求，但是建议教师在教学中能有效发挥科学史的教育功能，比如弘扬沃森和克里克的合作精神，其他科学家对DNA双螺旋结构模型建立所做的贡献，最好能够明确提出来，让学生在学习的过程中懂得合作的重要性。

（本课时由东阳市南马高级中学韩杰老师执教）

课时3　DNA分子通过半保留方式进行复制

课堂实录

（一）课时概念解析

本课时的概念为"DNA分子通过半保留方式进行复制"，该概念的建构需要以下基本概念或证据的支持。

1. DNA的双螺旋结构为DNA分子的复制提供精准的模板。

2. DNA的复制为半保留方式，是酶促反应，且需要能量。

3. 减数分裂中的DNA复制是亲代遗传信息传递给子代的基础，保证了前后代遗传信息的连续性。

（二）课堂实录

教学环节	课堂实录	专业点评
衔接单元情境，提出课时问题	创设情境　播放镰刀形细胞贫血症治疗方案的视频。 教师提问　输入患者体内的干细胞在体内通过有丝分裂增殖，增殖产生的子细胞的遗传信息是否与亲代细胞相同？是什么保证了亲、子代间遗传信息的稳定传递？ 学生总结　回忆有丝分裂相关内容，并尝试回答。部分学生的回答如下：有丝分裂是真核细胞最常见的细胞分裂方式；亲代细胞的染色体经过复制后，精确地平均分配到两个子细胞中。 师生总结　DNA上的遗传信息随着染色体的分配，进入到两个子细胞中。DNA精准复制是有丝分裂过程中保证亲、子代细胞间遗传信息稳定的基础。 课时问题　那么DNA是如何实现精准复制和传递信息的呢？	从镰刀形细胞贫血症的治疗方案引入，从胚胎干细胞的增殖过程引出DNA复制并传递遗传信息的学习。

续表

教学环节	课堂实录	专业点评
任务1：探索DNA复制可能的方式	呈现资料　1953年，沃森和克里克在提出DNA双螺旋结构模型时曾就DNA复制过程进行了研究。他们推测，DNA在复制过程中碱基间的氢键首先断开，双螺旋解旋分开，每条链分别作为模板合成新链，每个子代DNA的一条链来自亲代，另一条则是新合成的，故称为半保留复制。 教师引导　限于当时的研究水平，沃森和克里克未能合理地解释DNA双链的解旋机制，这引起了其他科学家的质疑，其中有人提出了分散复制。 呈现资料　分散复制：母链水解成若干片段，复制完成后重新组合成子代DNA。子代DNA中既有母链片段，也有新合成片段。 教师引导　DNA的复制方式除了这两种还有其他可能吗？联系生活中的复印，引导学生说出全保留复制。 学生总结　DNA复制可能是半保留复制、分散复制、全保留复制。	教师从DNA的结构模型出发，结合科学史与生活实际，引导学生猜测DNA复制的方式。
任务2：演绎推理，预测子代DNA类型	过渡　如果以这样的方式复制，会得到怎样的子代DNA？ 学生活动　根据3种假说，模拟DNA复制得到的子一代和子二代，用红色代表亲代核苷酸链，蓝色代表子代核苷酸链。 交流评价　①实际情况中，如何区分亲代核苷酸链和新合成的核苷酸链？②如何将亲代链标记上同位素？③如何获取子代DNA？④如何判断DNA复制的代数？ 师生总结　细胞内的物质流向可以用同位素示踪法进行研究。将大肠杆菌置于$^{15}NH_4Cl$为唯一氮源的培养液中培养多代，细菌的DNA充分地被^{15}N标记上。通过破碎大肠杆菌提取DNA。在不同时刻（复制不同代数后）收集细菌样本以控制DNA的复制代数。（即梅塞尔森和斯塔尔实验） 教师提问　如何区分不同的DNA分子呢？ 演示模拟实验　将蜂蜜、水和食用油倒入水杯后，3种溶液会出现明显的分层现象，随后放入塑料泡沫、葡萄、塑料盖和螺母，不同的物质会悬浮在相应密度的液层中。 呈现资料　DNA密度梯度离心的原理（图3-11）。

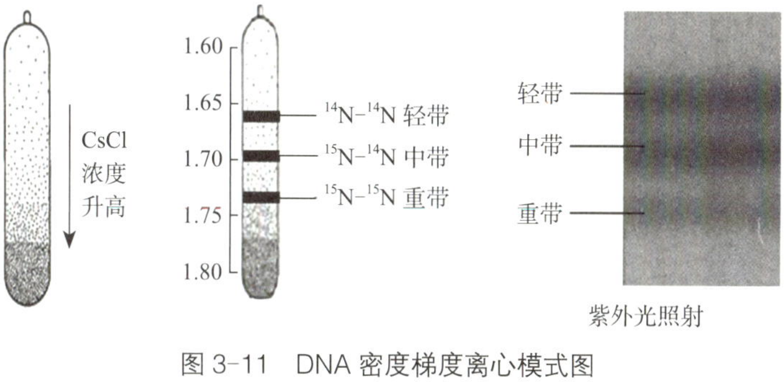

图3-11　DNA密度梯度离心模式图

学生感悟　利用重金属盐的密度梯度分层，将质量相差甚微的核DNA进行分离，只需测定最后密度梯度离心的分层结果即可知晓DNA的类型。 | 由于学生思维能力有限，这部分由教师引导学生还原史实，通过递进式问题串引导学生思考该实验的设计原理。由于学生对同位素示踪法不陌生，但对密度梯度离心是第一次接触，教师以模拟实验的方式补充说明其原理，随后学生再演绎推理实验结果，可以发展学生实验分析、逻辑推理的科学思维。 |

续表

教学环节	课堂实录	专业点评
任务3：分析证据，得出"DNA以半保留的方式进行复制"这一结论	学生活动　在上一环节预测的子代DNA类型的基础上，根据图3-12判断子代DNA离心后的分层位置。 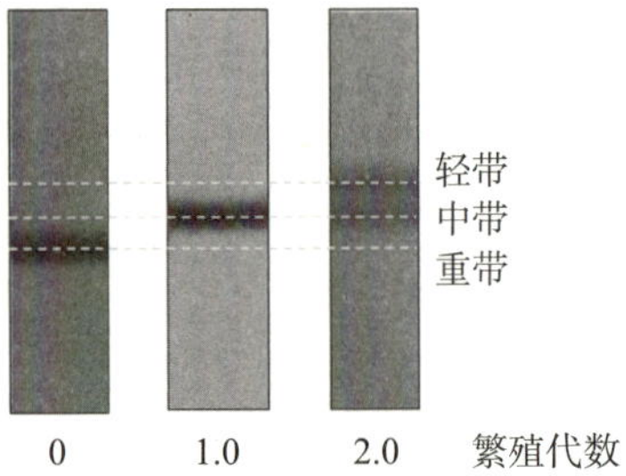 轻带 中带 重带 0　　1.0　　2.0　繁殖代数 图3-12　DNA密度梯度离心结果 学生活动　对比实验结果和3种假说的预测结果。 交流评价　通过观察对比第二代DNA的离心结果，可以排除全保留复制，对比第三代DNA结果可以排除分散复制，从而说明大肠杆菌的DNA复制方式为半保留复制。	学生分析DNA密度梯度离心的结果后，通过交流明确了DNA的复制方式。
任务4：探索DNA复制的具体过程	过渡　那么DNA是如何进行半保留复制的呢？ 呈现资料　1955年，科恩伯格首次分离出DNA聚合酶，并建构了DNA体外合成体系。他将大肠杆菌破碎，用其提取液加上4种脱氧核苷三磷酸，对其中1个核苷三磷酸用同位素进行标记。在适宜的温度、pH等条件下，经保温孵育后测定DNA含量，发现并没有新DNA的合成。但在上述混合液中加入小牛胸腺DNA后置于适宜温度下孵育一段时间，发现放射性标记已经进入DNA，且通过DNA碱基序列的检测发现，新DNA(A+T)：(C+G)的值与所加入的DNA相同。1970年代，科学家首次发现了依赖ATP的DNA解旋酶。 学生活动　根据以上材料分小组总结DNA复制所需的条件。 学生总结　关键性物质：DNA聚合酶、脱氧核苷三磷酸、小牛胸腺DNA、DNA解旋酶。 学生活动　以找到的关键词为主线，结合教科书，制作流程图表示DNA复制的过程。 师生总结交流　小牛胸腺DNA在DNA解旋酶的作用下，氢键断开，暴露出碱基形成模板链；游离的碱基与模板链配对形成氢键，在DNA聚合酶的作用下，形成磷酸二酯键连接成新的核苷酸链；最终模板链和新链重新螺旋化，形成新的DNA分子。 过渡　DNA在复制的过程中是如何确保遗传信息的准确传递？ 呈现资料　1963年，科学家用放射自显影的方法第一次观察到完整的正在复制的大肠杆菌DNA，他用^{3}H-脱氧核苷标记大肠杆菌的DNA，然后将大肠杆菌的细胞壁去除，使完整DNA释放出来后铺在一张透析纸上。他在显影后的片子中看到大肠杆菌DNA的全貌。这种方法让科学家更直观地证明了DNA以半保留的方式进行复制。	为了给学生提供更多的脚手架，有效落实核心素养，教师需要补充拓展科学史，并进行整合和二次加工，以呈现给学生科学发展真实的、动态的过程。学生自主建构知识，同时教师在教学实施过程中使用情境与协作会话帮助学生实现了概念建构和自我反馈。

续表

教学环节	课堂实录	专业点评
任务4：探索DNA复制的具体过程	学生活动　根据资料，探索DNA能准确复制的原因。 学生总结　DNA复制过程中，在遵循碱基互补配对原则的基础上，通过边解旋边复制的方式保障了DNA的精确复制。	
回归情境，实施评价	评价任务　①患者的致病基因如何传递给子代？②通过以输入干细胞的方式而治愈的患者，能否将致病基因遗传给后代？	回归单元情境，并阐明基因编辑治疗方案的可行性。
课后延伸	延伸任务　镰刀形细胞贫血症的致病基因有众多的碱基对，但与正常基因相比，只有个别碱基发生变化。为什么个别碱基对改变就导致性状发生改变呢？	为探究遗传信息的表达埋下伏笔。

（三）教学反思

　　本课时的亮点主要体现在2个方面：一是利用假说－演绎法，培养科学思维方式。在本课时中，我以沃森和克里克DNA分子模型的事实引入DNA复制方式的假说，并提出初步的主张；其次，利用同位素示踪法、密度梯度离心法等科学方法对假说精心演绎推理；再次，结合梅塞尔森和斯塔尔的实验结果证明DNA复制确实为半保留复制。我通过"提出假说—演绎推理—得出结论"帮助学生提升了设计实验的能力，在验证假说的过程中强化了逻辑推理能力，发展了学生的科学思维。二是利用模拟实验突破学生思维困惑点。本课时利用模拟实验有效地帮助学生了解密度梯度离心技术，吸引学生的注意，有利于学生在"探索DNA复制的具体过程"中进行下一步的演绎推理。

　　本课时存在的不足之处：一是本课时引用了大量科学史帮助学生建构概念，在具体实施过程中，也遇到将"脱氧核苷三磷酸"混淆成为"脱氧核苷酸三磷酸"这样的科学史展示小失误。由于期望在课堂中呈现给学生DNA复制方式研究过程的科学发展真实过程，我在课程设计的时候遇到了瓶颈。为了解决这个问题，我阅读了一些科学史书籍，在课前收集了大量与DNA复制相关的科学史，逐步形成了每一个科学史一个清晰的知识脉络。二是由于学生的文字表述能力水平不等，课堂实施中学生联系上一堂课DNA分子结构的模型探究DNA复制的过程进行得不是太顺利。比如，有的学生在引导下可以找出材料中DNA复制相关的关键物质材料，但在自己整理串联这些关键词时就会出现"不太会写就不写了""不知道要怎么写"等情况。此时就需要我依据学生的具体水平，适当地降低任务难度，比如将任务拆分成"先将关键词排序""再结合各物质的功能进行串联"，同时也可以加以DNA结构模型的图形展示，通过由易到难的问题链形式辅助学生完成自主思考的任务问题。

（四）总体评析

1. 合理选择科学史资料，帮助达成概念建构。

生物学概念是众多前任学者历经无数科研成败后的成果，对科学史的深刻理解和应用，是学生明确生物学概念背后所隐藏价值的重要途径。用事实建构概念的方式就像用原料制造产品一样，选择合适的原料是第一步也是至关重要的一步。教师要让学生更好地建构概念就需要选择恰当的事实，但学生记住事实并不意味着学生就理解了相应的概念。故本课时中探究DNA复制方式的实验设计原理与科学技术的使用密切相关，如运用同位素示踪法区分亲代链与新合成的链；如微生物培养后提取DNA获取子代DNA；密度梯度离心技术区分不同的子代DNA，再通过问题链的形式引导学生层层剖析梅塞尔森和斯塔尔实验的设计原理。在梳理出概念和事实的对应关系之后，教师通过问题链的形式引导学生将知识内化，更好地与先前学习内容进行融合，实现与已有认知结构的彼此联结与整合，让学生在探索科学的路上发现实际生活中某些问题的解决方法，从而更好地指导未来生活和学习。

2. 创设支架，开展学生活动。

当学生发现已有的认知不足以解决面对的问题时，学习的兴趣就产生了。而在具体教学实施过程中，任何学生活动的开展都需要支架。例如学生在面对"DNA复制可能以什么方式进行"的问题时，教师将文字描述转化为红蓝条的贴条活动，将复制方式的描述具体化，明朗复制方式的具体过程，这都有利于学生厘清思路，降低了后续实验设计及演绎推理的难度。又如在DNA复制过程的流程图串联活动中，学生缺乏将零散知识点串联起来的能力，所以教师采取了先找关键词，后排序补充内容的教学策略，同时以图片的形式补充。

3. 改进建议。

本课时中，教科书主要以科学发展历程的形式，以梅塞尔森和斯塔尔的实验为主线呈现科学史内容，篇幅精简。学生对于科学史了解不全面，知识储备不足，此时就需要教师给予一定的辅助支持，如"DNA复制假说的提出""密度梯度离心技术"。教师在强调让学生通过自主建构知识等措施提升其演绎推理能力的同时，同样不能忽略教师的主导作用。建议教师可以在活动前进行一些问题预设，建立活动支架，让学生通过自主建构知识等措施提升演绎推理能力，提升学生的思维能力。

（本课时由东阳市顺风高级中学胡晨婷老师执教）

课时 4　DNA 分子上的遗传信息通过 RNA 指导蛋白质的合成（1）

（一）课时概念解析

本课时的概念为"DNA 分子上的遗传信息通过转录传递给 RNA"，该概念的建构需要以下基本概念或证据的支持。

1. 基因是具有遗传效应的核酸片段，是遗传物质结构和功能的基本单位。
2. DNA 具有携带遗传信息和表达遗传信息的功能。
3. 转录是以 DNA 的一条链为模板，依据碱基互补配对原则，合成 RNA 的过程。
4. mRNA、tRNA、rRNA 等 RNA 分子均以 DNA 上的基因区段为模板转录而来。

（二）课堂实录

教学环节	课堂实录	专业点评
衔接单元情境，提出课时问题	创设情境　播放"通过基因编辑，镰刀形细胞贫血症患者被治愈"的视频。 教师提问　通过医生改变致病基因上的脱氧核苷酸序列后，患者的红细胞由镰刀形变为正常的圆饼状。提出问题：①什么是基因？②基因和 DNA 有怎样的对应关系？③基因中的碱基序列改变，为什么会导致蛋白质发生改变？	实例可以激发学生对探索机理的兴趣，将新科技转化为具体问题引出新课内容。
任务 1：分析资料，建构基因的概念	呈现资料　①一个由 150 名英美科学家组成的团队，历时 10 年，完成了 1 号染色体的测序工作。在人体全部 22 对常染色体中，1 号染色体包含基因数量最多，块头最大。其基因数多达 3141 个，共有超过 2.23 亿个碱基对。 ②生长在太平洋西北部的一种水母能发出绿色荧光，这是因为水母的 DNA 分子有一段长度为 5170 个碱基对的片段——绿色荧光蛋白基因。转基因实验表明，转入了水母绿色荧光蛋白基因的转基因鼠，在紫外光的照射下，能像水母一样发光。 ③白化病患者体内黑色素细胞数正常，但由于控制酪氨酸酶的基因发生突变，不能合成酪氨酸酶，于是酪氨酸不能转变成黑色素，从而导致皮肤、黏膜、毛发、眼等的白化现象。 学生活动　根据资料分析基因与数量的关系，基因与性状的关系。 学生回答　①基因能控制性状；②一个 DNA 上有许多个基因。 教师追问　从材料分析，基因对性状的控制是通过控制什么物质来实现的？	教师通过实际问题引发矛盾，激发了学生的批判性思维，展示学生的前概念，发展了学生的科学思维。学生从矛盾中寻找规律，锻炼了获取信息和处理信息的能力，从而建构了基因的概念。

续表

教学环节	课堂实录	专业点评
任务1：分析资料，建构基因的概念	学生回答　基因通过控制结构蛋白、酶等不同种类的蛋白质来控制生物性状。 教师点拨　基因在控制蛋白质合成的过程中表达出了各自的遗传信息，从而控制了不同的性状。 教师追问　结合上节课我们学过的DNA复制和以上信息，你能总结出基因的双重功能吗？ 学生回答　DNA具有携带遗传信息和表达遗传信息的双重功能。 教师追问　依据资料①②③，你能说出基因的概念吗？ 学生回答　基因是具有遗传效应的DNA片段，包括部分病毒的RNA片段。 师生总结　基因是具有遗传效应的DNA片段（包括部分病毒的RNA片段），是遗传物质结构和功能单位，是DNA（部分生物是RNA）分子上特定遗传信息的核苷酸序列的总称。	层层深入的材料分析可以引导学生自主建构基因的概念。 建议此部分内容以课前任务的形式让学生收集材料，有效拓展教学时间。
任务2：结合科学史，探索传递遗传信息的信使	过渡　DNA存在的场所是哪里？合成蛋白质的场所是哪里？细胞核内的DNA如何控制细胞质内核糖体合成蛋白质？ 教师引导　引导学生分析、推测DNA和蛋白质之间存在某种信使。 教师追问　什么物质在此过程中担任了信使？ 呈现资料　1955年，布拉奇特用洋葱根尖细胞和变形虫进行了实验。若加入RNA酶降解细胞中的RNA，则蛋白质合成就停止。若再加入从酵母菌中提取的RNA，则又可以重新合成一些蛋白质。 学生做出假设　RNA可能是表达过程中传递遗传信息的物质。 教师追问　如果的确是RNA在传递遗传信息，那它在细胞中的移动轨迹应该是什么方向？我们有什么办法可以看到RNA的运动轨迹？ 呈现资料　1955年，拉斯特等人用变形虫进行了换核实验。 A组：变形虫用同位素标记的尿嘧啶核苷培养液来培养，发现标记的RNA分子首先在细胞核中出现。 B组：变形虫用未标记的尿嘧啶核苷培养液来培养，变形虫的细胞核和细胞质中均未发现有标记的RNA。 C组：将A组变形虫的细胞核移植到去掉细胞核的B组细胞质中进行培养，结果发现细胞质中出现了有标记的RNA。 师生得出结论　这表明RNA在细胞核中合成，之后转移到细胞质，为RNA是信使提供了一个有力的证据。	教师力图还原史实，引导学生进行分析，以此提高学生的科学探究能力，进一步发展"发现问题→提出假设→设计论证→科学评价→得出结论"的科学思维。 学生在探究的过程中感悟到科学总是在进步的，并且科学探究是一个发展的过程。
任务3：制作转录模型，探究转录的动态过程	过渡　RNA合成和DNA复制一样都是酶促反应，DNA解旋酶和DNA聚合酶在DNA复制中起关键作用，那么转录过程中合成RNA是什么酶起到了关键作用？请大家通过类比推理猜想一下。 学生回答　应该是DNA解旋酶和RNA聚合酶。 教师点拨　RNA聚合酶具有解旋DNA和合成RNA的双重功能。因此，以DNA为模板合成RNA需要RNA聚合酶，不再需要DNA解旋酶。	

续表

教学环节	课堂实录	专业点评
任务3：制作转录模型，探究转录的动态过程	**教师追问** 那么在RNA聚合酶等酶的作用下，如何以DNA为模板完成转录过程？怎样确保DNA上的遗传信息准确无误地传递给RNA？ **学生活动** 列表回顾DNA和RNA在结构上的不同点，见表3-2。 表3-2　DNA和RNA的异同点 | 项目	DNA	RNA
结构	通常是双螺旋结构	通常是单链结构
基本单位	脱氧核苷酸	核糖核苷酸
五碳糖	脱氧核糖	核糖
碱基	A、G、C、T	A、G、C、U
存在部位	主要位于细胞核中染色体上，极少数位于细胞质中的线粒体和叶绿体上	主要位于细胞质中 | **学生活动** 利用模型，推演转录过程。选取合适的材料制订计划，依据DNA复制过程推理、模拟RNA的合成。注意RNA聚合酶的关键作用。各小组展示自己的作品，并说明制造出这样RNA的理由，不足之处请组内其他同学进行补充。各个小组进行互相评价，尽量找出更多的关键要点和理论依据来支撑自己的结果。 **教师点拨** 如果以一条链作为模板合成RNA，产生的RNA是同一种，如果以两条链作为模板合成RNA，产生的RNA就有两种，到底哪种方式更合理？以DNA作为模板合成RNA的过程就是我们今天的学习核心——转录。 **过渡** 转录过程到底是由DNA的一条链还是DNA的两条链作为模板进行的？ **呈现资料** SP8噬菌体侵染枯草杆菌的实验，如图3-13所示。 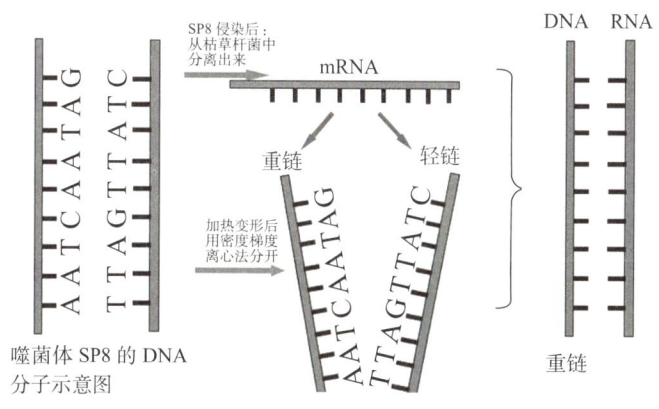 图3-13　SP8噬菌体侵染枯草杆菌的实验模式图	学生通过模仿DNA复制来模拟RNA合成过程，通过已有的知识去类比推理新的知识。学生亲自动手去模拟会加深学生对问题的理解。置身于实际情境中增加了学生学习的体验感和收获学习成果的愉悦感。 学生结合模型制作自主探究，可以较直观地理解转录过程。在推理模拟过程中很可能会出现错误，但概念的形成就是要不断地探索修正，尤其是合成RNA过程中模板的问题，就是要不断发现新问题，再寻找证据去论证，从而发现正确的理论，这样的学习才是科学本质的学习。本环节的设计符合学生的认知规律，降低了学生的思维坡度。

续表

教学环节	课堂实录	专业点评
任务3：制作转录模型，探究转录的动态过程	**学生活动** 分析资料，探讨转录过程的模板链。 **师生总结** 根据资料的提示，学生自主建构概念，教师提供必要的辅助，并把编码链和模板链的概念在此过程中总结出来。 **学生回答** 转录是以DNA一条链作为模板。 **师生总结** 转录是以DNA一条链作为模板，依据碱基互补配对原则，合成RNA的过程。 **学生活动** 依以上学习成果，建构转录过程的概念图。 **总结完善** 师生交流，完善概念图。	建议：对于学生可以自主落实的知识点，如"DNA和RNA的不同"，可以让学生自主完成。建议教师让多位学生展示对转录的认识，有利于概念重构。
任务4：总结3种RNA的结构与功能	**过渡** RNA有哪几种呢？它们有什么样的区别和联系？ **学生活动** 总结概括RNA的种类及作用。 **得出结论**：转录可以合成多种RNA，刚才模拟合成的是mRNA，mRNA加工后通过核孔到达细胞质中。此外，转录还形成了tRNA，它的一端能够携带特定的氨基酸，另一端有三个特殊碱基称为反密码子。还有rRNA是核糖体的组成成分。	学生逐步深入，推理分析，形成结论。建议教师增加习题和学生总结环节作为评价，以了解学生对整节课的掌握程度。
回归情境，实施评价	**评价任务** ①镰刀形细胞贫血症基因和经过基因编辑后的基因转录产物有什么区别和联系？②编码链和相应的信使RNA有什么关系？	回归情境，开展评价。
课后延伸	**延伸任务** 转录完成后，DNA的遗传信息传递到了mRNA上，并且随mRNA转移到了细胞质中。但此时信息依然储存在核苷酸排列顺序里，还是没有表现出性状，它又是怎么把信息传递到蛋白质上呢？请课后大胆假设，小心求证！	为探究"翻译"过程埋下伏笔。

（三）教学反思

本课时的亮点主要体现在3个方面：一是教学方式突出了以学生为主体的教学观。本课时所有结论的生成都是学生从材料中总结出来的，以此锻炼了学生获取信息和处理信息的能力，同时，我引导学生在已有结论上发现新的问题，继续寻找证据去验证新问题，让学生领悟到科学的发现过程是循序渐进的。在以DNA复制为基础尝试合成RNA的过程中，学生以DNA复制和DNA与RNA的区别作为基础支撑，产生新的问题，有的小组合成一条RNA，有的小组合成两条RNA，此时学生可通过生生互评来争论到底谁是正确的，讨论的过程就是对学生思维的训练，可以提升语言表达能力，由此还可以引出下一个要探讨的问题"转录到底是以DNA单链为模板，还是以DNA双链为模板？"我重视学生的探究学习和合作学习，利用多个材料分析和由问题引发的具体活动，引导学生逐步了解各个知识点间的内在关系，落实转录的概念，达到学生可以简洁、准确地概述"转录"概念的教学目的。二是教学过程凸显"用教科书教"和建构主义教学过程观。在呈现教学内容时，我采用图文的方式来揭示转录的动态过程。此过程达到了形象和直观的教学效果，还配合了教科书中的文字进行深入浅出的讲解，使文字信息与图形信息结合起来，学生感知到基因的表达是一个多层次的、动态的、相互协调和配合的过程。三是在教学评价上，本课时体现了以促进学生发展为宗旨的教学评价观。在学生总结出相关结论后，我都进行了师生评价，肯定学生的结论，修正学生的结论，引导学生用标准、简洁的语言描述结论，以此引导学生从不同层次上认识基因表达的意义。在模拟RNA合成过程中，我采用了过程性评价的方式，关注学生整个模拟过程中的表现，对出现的流程性问题和科学性问题进行了及时干预。同时注重生生评价和形成性评价，凸显学生的主体地位，培养了学生的生物学核心素养。

  本课时存在的不足之处：一是基因概念的建构过程较为仓促。基因是高中生物学中较为重要的概念，它可以作为学生学习必修2模块的线索。在本课时的教学中，我因担心时间不足，想把更多的课堂时间用于"转录"的教学上，导致基因概念的教学不够深入，对什么是遗传效应、什么是功能片段等问题都没有深入探讨，有囫囵吞枣之感。二是在运用模型推演转录过程中，部分小组未能真正激活探究思维。建模过程重在"建"，而不在"模"，也就是说建模的关键意义在于通过建模活动激活原有的知识图式，建立新的图式。在本课时的教学中，由于许多学生在课前预习过转录内容，把思维建模变成了"按图索骥"，极大地降低了预期的效果。三是由于高一学生的基础认知和语言表达能力限制，学生自我知识体系的建构刚刚完成，还没有很好地发展到去评价别人的体系是否完整的水平，所以生生评价的环节略显薄弱，在以后的复习课中，我应注重此方面的培养，真正实现生生评价。

（四）总体评析

  本课时以建构主义为教学理念，结合概念教学和探究学习，通过情境引发核心问题，利用材料和活动推进概念的形成，凸显学生的主体地位，有效落实了教学目标，同时实现了"教—学—评"的一体化。

  1.真实的情境激发学生的学习兴趣。

  本课时从生活实例情境出发引出探究问题，先利用单元情境"镰刀形细胞贫血症的治疗"激发学习兴趣，引发探讨问题，再利用本课时情境和科学史材料，引导学生自主建构基因概念。在情境分析、概念建构的同时，引发学生思考遗传信息和蛋白质的联系，提出本课时的核心问题。再利用科学史实验，引导学生分析转录的概念是什么，解决问题的同时揭示了科学本质。科学史材料和科学史实验情境转化的问题链辅助教学目标的达成，同时发展了学生的生物学核心素养。

  2.合理运用模拟实验增加学习的体验感和认知深度。

  建构主义理论认为，学习的本质是学习者积极地进行有意义建构的过程。本课时以

DNA 复制过程来推理模拟 RNA 合成过程，先利用问题链逐层深入地引导学生认识转录的过程，再通过表格具体对比复制和转录的差异，完成在已有认知的基础上迁移到新的认知，这符合学生的认知规律以及最近发展区理论，最后再小组合作探究，利用拉锁和长尾票夹等生活中的实物模拟转录的过程。在模拟实验过程中，学生发现了新的问题，并解决了问题，对抽象的概念实现了实物化和具体化，增强了体验感和认知深度，所收获的学习效果事半功倍。

3. 科学探究过程是培养核心素养的有效途径。

本课时采用多环节，如科学史实验分析、根据证据提出主张等，采用层层递进的问题链，解决本节的核心问题，在此过程中又不断地生成新的问题，提供丰富的证据去论证问题。比如，转录的模拟实验之前，学生就提出模板链是一条还是两条的问题，学生利用模拟实验验证自己的观点，同时进一步发展"发现问题→提出假设→设计实验→论证观点→科学评价→得出结论"的科学思维和探究精神。在模拟实验活动后的评价环节，学生往往会生成新的问题，产生新的矛盾，为进一步研究提供基础。在模拟实验后，加入真实的视频验证，修正学生的概念。在这个实验探究过程中，学生会感悟到科学探究是一个发展的过程。

4. 改进建议。

进一步提高科学论证的实效性。本课时为学生提供了较多的论题、论据等，这为论证式教学提供了很好的基础。但综观整个课时的教学，不难发现学生在基于问题提出假设、针对假设探寻证据及梳理证据提出观点等环节都略显单薄，特别是梳理证据提出观点部分过于简单，给人有简单的一问一答之感。

进一步给予学生自主表达概念的机会和时间。余文森在《论"读思达"教学法》中提出"表达"是完整学习中的重要环节，学生只有经历完整的学习才能实现对知识的深加工，从而把知识转化、内化为素养。在本课时的教学中，学生有较多的机会参与到教学中来，在一定程度上较好地体现学生的主体地位。本课时教学的关键是帮助学生建立转录的概念，而恰恰在学生自主表达概念这一环节上，教师有所忽视。建议教师给予学生自主表达概念的机会，让学生有充足的时间进行个性化表达，比如口头描述、思维导图、知识结构图等形式的表达。

在教学评价方面，如学生活动时，教师可以利用具体的活动量表来进行过程性评价，活动量表应该涵盖小组中的人数、学生姓名、个体角色、任务、完成任务的质量标准（优秀、合格、不合格），而且质量标准要做细致的划分，比如参与讨论的次数、优秀的标准。学生在活动中完成活动量表的评价能有效提升小组合作的效率，发挥评价的作用，同时可以更好地落实教学重点。

（本课时由浙江省缙云中学胡景瑞老师执教）

课时 5　DNA 分子上的遗传信息通过 RNA 指导蛋白质的合成（2）

（一）课时概念解析

本课时的概念为"DNA 分子上的遗传信息通过 RNA 指导蛋白质的合成，遗传信息从 DNA→RNA→蛋白质"，该概念的建构需要以下基本概念或证据的支持。

1. 遗传密码是 mRNA 上三个相邻的核苷酸序列排成的三联体，决定一种氨基酸。

2. 以 mRNA 为模板，合成具有一定氨基酸序列的蛋白质的过程称为翻译。

3. 在绝大多数生物体内，遗传信息通过复制从 DNA 传递到 DNA，由 DNA 通过转录传递到 RNA，然后由 RNA 通过翻译合成蛋白质。

4. 部分 RNA 病毒能以 RNA 为模板反向合成单链 DNA。

（二）课堂实录

教学环节	课堂实录	专业点评
衔接情境，提出课时问题	创设情境　播放"通过基因编辑，镰刀形细胞贫血症患者被治愈"的视频。 教师提问　通过转录得到了一段 mRNA，这是合成蛋白质的模板。mRNA 上的核糖核苷酸序列如何转变为蛋白质中的氨基酸序列？	教师通过回顾旧知，引出本课时的教学内容，承上启下，激发了学生的学习兴趣。
任务 1：分析科学事实，建构"密码子"的概念	教师设疑　遗传信息从 DNA 传递到 RNA 再传递到蛋白质，核酸的基本单位是 4 种核苷酸，蛋白质的基本单位是 20 种氨基酸。那么 mRNA 上几个核苷酸决定 1 种氨基酸呢？ 学生活动　对信使 RNA 核苷酸数量和蛋白质氨基酸数量之间的对应关系进行推理： 若 1 个碱基决定 1 种氨基酸，则只能决定 4 种，$4^1=4$，不够。 若 2 个碱基决定 1 种氨基酸，则只能决定 16 种，$4^2=16$，不够。 若 3 个碱基决定 1 种氨基酸，则只能决定 64 种，$4^3=64$，足够有余。 得出结论：信使 RNA 上每 3 个或 3 个以上的核苷酸决定 1 种氨基酸。 教师追问　那么，究竟是由 mRNA 上几个核苷酸决定一种氨基酸呢？ 呈现资料　克里克发现在 mRNA 上添加 1 个或 2 个核苷酸会使整条肽链出错，而添加 3 个核苷酸只会使肽链多一个氨基酸而不会改变其他氨基酸。 学生总结　由 3 个或 3 个的倍数个核苷酸决定一种氨基酸，根据生命的高效和精简原则，应该是由信使 RNA 上 3 个核苷酸决定一种氨基酸。	通过挖掘 mRNA 上的核糖核苷酸序列与蛋白质上氨基酸序列的关系，学生推理获取了知识点。教师进一步的追问引发了学生的进一步思考，并给出事实证据和研究结果，引导学生理解 mRNA 上 3 个碱基决定一种氨基酸。此处的信息较多，提取、解构、建构 mRNA 核苷酸序列与蛋白质氨基酸序列关系的过程难度较大，学生耗时较多，建议教师可以适当调整难度与文字量。

续表

教学环节	课堂实录	专业点评
任务1：结合史实，探究密码子的破译过程	**学生感悟**　密码子是指mRNA上每3个相邻的核苷酸排列成的三联体，它决定一种氨基酸。密码子的种类有64种。 **教师追问**　那么64种密码子分别决定了什么氨基酸呢？科学家是如何破译它们之间的这种对应关系的？ **呈现资料**　1961年，美国生物学家尼伦伯格和马太合成了一种只含有尿嘧啶的多聚核苷酸（简称"多聚U"），即一种特殊的mRNA。把多聚U加入含有20种氨基酸等物质的试管中，发现合成的多肽只含有一种氨基酸，即苯丙氨酸。 **学生活动**　根据资料分析苯丙氨酸的密码子。 **教师总结**　尼伦伯格和马太确认苯丙氨酸的密码子是UUU。科学家们通过将各种多聚单核苷酸（UUU）、多聚双核苷酸（UGUGUG）、多聚三核苷酸（UUGUUGUUG）分别加入到含有20种氨基酸的试管中，检测多肽链中氨基酸序列的方法进行破译。经过多年的不懈努力，1967年，20种氨基酸的密码子全部被破译。 **呈现资料**　mRNA上的遗传密码表。 **教师提问**　①怎样查阅密码子表？②64种密码子是否都决定了特定的氨基酸？③通过分析遗传密码与氨基酸种类之间的对应关系，能得出什么结论？其意义是什么？④起始密码子和终止密码子的生物学意义是什么？ **学生活动**　小组讨论，完成以上问题，并汇报。 **师生总结**　①一个密码子决定一种特定的氨基酸。②有的氨基酸可能有一个以上的密码子。③64种密码子：61个密码子编码控制20种氨基酸合成，另外3个（UAG、UAA、UGA）不编码任何氨基酸，而是合成蛋白质的终止信号，又称终止密码子。	本环节力图还原史实，引导学生进行科学探究。由几个碱基决定一种氨基酸过渡到密码子与氨基酸的对应关系，步步深入，学生能感知并认同科学是不断发展、完善的过程。 教师设计递进式的问题，引导学生思考、自主归纳总结出密码子与氨基酸的对应关系，以及起始密码子、终止密码子的意义，学生对遗传密码的认识实现了从"了解→理解→应用"的跃迁。
任务2：梳理mRNA、tRNA、氨基酸之间的对应关系，建构"翻译"的概念	**展示模型**　呈现由镰刀形细胞贫血症患者相应基因所转录而来的mRNA物理模型，有起始密码子和终止密码子。 **教师提问**　这一mRNA所对应的多肽链上的氨基酸序列是怎么样的？ **学生任务**　根据这一mRNA序列，摆出对应多肽链上的氨基酸序列。小组合作，利用模型完成氨基酸序列的摆放。 **学生展示**　小组派代表展示得到的氨基酸序列，其他同学评价并补充完善。 **师生交流**　教师评价后，师生共同得出"翻译"的概念：以mRNA为模板，合成具有一定氨基酸顺序的蛋白质的过程。 **教师追问**　在这个模型摆放的过程中，我们用手把相应的氨基酸"搬运"到了特定的位置上，那么，细胞中谁是这个"搬运工"呢？这个搬运工应该有什么样的特性？ **学生活动**　推理思考。	通过摆出对应的氨基酸序列，学生实现了知识的应用。紧接着教师引导学生思考细胞中的搬运工是谁，猜测这个搬运工的特点，从而引出tRNA的学习，符合学生认知的一般规律。

续表

教学环节	课堂实录	专业点评
任务2：梳理 mRNA、tRNA、氨基酸之间的对应关系，建构"翻译"的概念	师生交流　这种搬运工应该有携带氨基酸的能力和准确识别密码子的能力。 呈现资料　tRNA 的结构示意图（图3-14）。 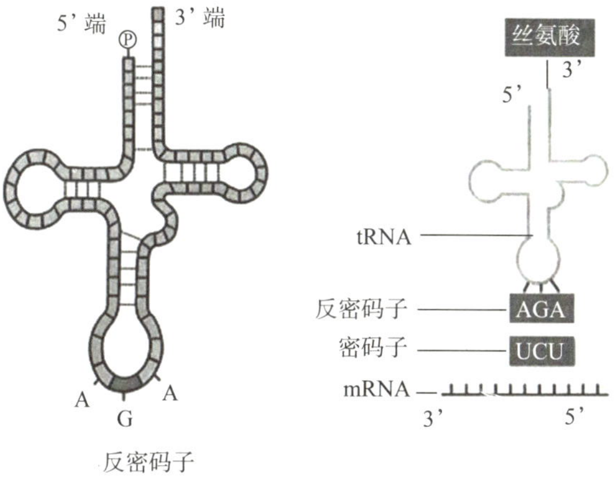 图3-14　tRNA 的结构示意图 教师提问　① tRNA 如何准确地将特定的氨基酸转运到特定的位置上？② tRNA 的种类与64种密码子之间有什么样的对应关系？③ tRNA 的种类与20种氨基酸之间有什么样的对应关系？ 学生活动　小组合作探讨以上问题。 师生总结　① tRNA 通过一端的反密码子和 mRNA 上的密码子互补配对，另一端携带有相应的氨基酸，以此来实现准确的翻译。② 3种终止密码子由于不编码任何氨基酸，因此没有对应的 tRNA。③ 每种氨基酸可以由一种或多种 tRNA 来转运。	教师引导学生将关键事实进行梳理与辨析，学生在比较、概括、推理等思维过程中呈现了概念之间的纵、横向联系，以此逐步形成了结构与功能相适应的生命观念。
任务3：制作翻译模型，通过模型推演翻译的动态过程	呈现模型　呈现 mRNA、核糖体、氨基酸、tRNA、肽键等物理模型。 教师提问　在细胞中，翻译过程是如何进行的？ 学生活动　小组合成，完成翻译过程的动态演示。 成果展示　小组派代表上台展示翻译的动态过程。组长解说，组员展示整个动态过程。其他组若有不同意见，继续修正翻译的动态模型。 师生交流　完成翻译动态过程的建构。 师生验证总结　教师播放翻译过程的视频，验证所建构模型的正确性。参照所建构的模型总结"翻译"的概念，学生代表表达出翻译的概念，其他同学修正，教师再修正。 教师追问　如何加快翻译效率？ 呈现资料　多聚核糖体模式图（图3-15）。	教师利用教具模拟翻译的动态过程，使得教科书上的静态图在学生的手中动了起来，学生可以直观感受翻译过程。

续表

教学环节	课堂实录	专业点评
任务3：制作翻译模型，通过模型推演翻译的动态过程	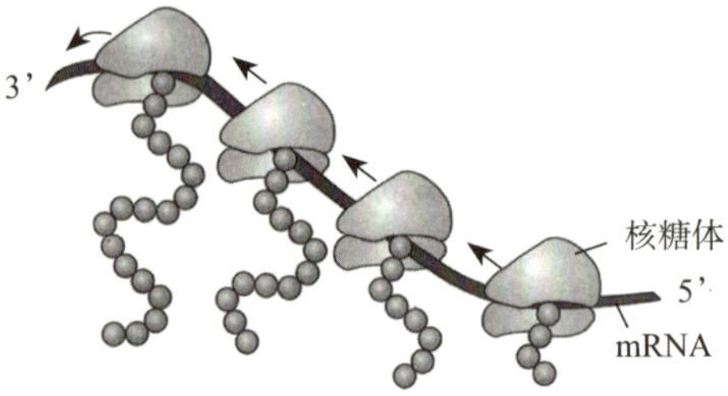 图3-15 多个核糖体在一个mRNA分子上同时合成多条肽链 **学生活动** 分析模式图，说明多聚核糖体能加快翻译效率的原因。 **师生总结** 若干个核糖体串联在一个mRNA分子上，可以同时翻译多条相同的肽链，这种方式大大提高了翻译效率。	
任务4：探究遗传信息流动的方向，建构中心法则模型	**教师提问** DNA上的遗传信息可以有怎样的传递方向？ **学生活动** 相互讨论，总结出克里克提出的中心法则，如图3-16所示。  复制 DNA →转录→ RNA →翻译→ 蛋白质 图3-16 克里克的中心法则 **呈现资料** ①流感病毒等RNA病毒，在感染人体后，它们的RNA能够自我复制，并以自身为模板指导蛋白质的合成。 ②HIV病毒等RNA病毒，能以自身RNA为模板，反向合成一段DNA，再以这段DNA为模板，互补合成病毒RNA。 **学生活动** 基于以上事实，完善中心法则，最终呈现如图3-17所示的中心法则。  复制 DNA ⇌转录/逆转录⇌ 复制 RNA →翻译→ 蛋白质 图3-17 中心法则	学生通过回顾DNA复制、转录和翻译过程，从旧知入手，总结出中心法则。
回归情境，实施评价	**评价任务** 播放"通过基因编辑，镰刀形细胞贫血症患者被治愈"的视频。通过改变DNA上的脱氧核苷酸序列，患者的血红蛋白就由镰刀形变为正常的圆饼状。请用基因表达的过程分析其机理。	生物学技术在生活中的应用可以培养学生的社会责任感。
课后延伸	**延伸任务** 根据中心法则，从遗传信息流动的角度分析还可以通过哪些方式来治疗镰刀形细胞贫血症。	呼应单元核心任务，并为表观遗传的学习埋下伏笔。

（三）教学反思

本课时的亮点主要体现在 2 个方面：一是基于事实与证据，较好地形成了"遗传密码是 mRNA 上三个相邻的核苷酸序列排成的三联体，决定一种氨基酸"这一重要概念。本课时从事实性资料入手，引导学生依次分析，总结 mRNA 上 3 个碱基决定 1 个密码子以及密码子表，引出"翻译"的概念。二是在翻译过程的处理上，借助动态模型，较好地指向了学科核心素养。在学生自主建构模型的过程中，我先引导学生摆出一段相应的肽链，再引发学生思考在细胞中谁起到这个转运的作用，引出了 tRNA，进而修正翻译的动态模型。该活动激发了学生的求知欲，学生交流讨论，团结协作，再通过师生互评和生生互评实现教学目标的有效达成。

本课时存在的不足之处：从教学效果看，学生对翻译过程的理解不深刻，我需要进一步予以强化。从教学过程看，尽管学生较多地参与了课堂讨论，但讨论的质量、思维的深度均有待进一步加强。从教学细节看，在建构 mRNA 模型时，我没有向学生交代清楚 mRNA 翻译的方向。

（四）总体评析

本课时教学设计以生物学课程的 4 个基本理念即核心素养为宗旨、内容聚焦大概念、教学过程重实践、学业评价促发展为指导，在单元整体教学设计的框架下，聚焦本课时的次位概念和下位概念，基本能达成本课时的教学目标。

1. 科学史为情境支架，通过小组合作，引领学习进阶。

本课时按照学习进阶理论，循着科学家的发现之路，以"mRNA 上的核糖核苷酸序列与蛋白质中的氨基酸序列"作为学习进阶起点，进一步分析密码子的类型以及 tRNA 的特点，最后将"探究翻译的动态过程"作为学习进阶终点，整个过程以"情境—任务—活动"的设计体现学生的认知特点和规律。从现象到本质，由表及里，从整体到局部，将相关的科学史串成一条脉络清晰的主线，引导学生通过小组合作步步深入，促进学生的深度学习。

2. 基于事实和证据，通过科学论证，完成概念建构。

生物学结论的获得和概念的建构要基于事实和证据。在本课时中，教师提供了大量的事实，并设计了系列任务和活动，通过问题驱动引导学生分析生物学事实，并运用论证的方法，将内部的推理外化，让学生评价资料，提出主张，为主张进行辩驳。教师在引导学生完成概念建构的同时，提高了学生的交流技能，发展了学生的批判性思维等高阶思维。

3. 合理运用模型建构，促进概念理解。

建构主义理论认为，学习的实质是学习者积极主动地进行有意义建构的过程。研究表明，体验是学习信息的关键来源，学生在积极的学习体验中能更有效地建构重要概念。本课时教师通过"翻译"动态模型的建构来组织学生的活动，通过资料分析、分组实验、观察思考、活动体验等适切的探究活动，让学生经历初步感知、初构概念、理解概念、完善概念、拓展概念、应用概念等过程，真正实现概念的自主建构和深度理解。

4. 关注问题进阶，促进深度学习。

课堂是学生思维锻炼的主阵地。因此，教师精心进行了教学设计，设置合理的、逐步推进的问题引导学生分析推理，发展学生分析、评价和创造思维；在课时情境的基础上，通过抛出系列子问题，引导学生分析资料素材，形成结构与功能观。根据了学生的认知水平，在"mRNA 上的遗传密码"的学习中，教师设计了递进式的问题，提高了学生的逻辑思维能力。在认识 tRNA 的环节，教师又提出"tRNA 如何准确地将特定的氨基酸转运到特定的位置上？tRNA 的种类与 64 种密码子之间有什么样的对应关系？tRNA 的种类与 20 种氨基酸之间有什么样的对应关系？"等系列问题，引导学生对所学知识进行了归纳、比较。

5. 改进建议。

进一步挖掘中心法则的研究进程，利用好科学史。教师在密码子的破译等内容的教学中均很好地利用了科学史进行教学，但在中心法则的教学中，却忽视了科学史的应用。中心法则的研究进程是一个由物理、化学、生物学等多领域科学家组成的科学共同体对生物体内信息流的研究进程，而且该研究还在持续进行，是培育学生社会责任的良好素材。

进一步加强生命观念的培育。生命观念是学科核心素养 4 个要素中独具生物学学科特点的维度，是学科核心素养的标志和关键。基因表达承载了结构与功能观、信息传递观等生命观念。从本课时的教学来看，教师更多地关注了生物学事实的展现和生物学概念的建构，缺乏进行从概念到观念的有效教学。

（本课时由浙江省东阳中学李倩老师执教）

课时 6　生物体存在基因碱基序列不变但表型改变的表观遗传现象

（一）课时概念解析

本课时的概念为"生物体存在基因碱基序列不变但表型改变的表观遗传现象"，该概念的建构需要以下基本概念或证据的支持。

1. 基因控制生物的性状。
2. 基因碱基序列不变，表型可能改变。
3. 表观遗传现象是指父母的生活经历可以通过 DNA 序列以外的方式遗传给后代的现象。

（二）课堂实录

教学环节	课堂实录		专业点评
衔接单元情境，提出核心问题	创设情境 提出问题	展示"镰刀形细胞贫血症是如何改变细胞形状"的视频。 根据镰刀形细胞贫血症的致病机理，基因与性状的关系是怎样的？	教师借助视频将致病机理和信息流具象化，可以引发学生思考。
任务1：资料分析，建构基因与性状的关系模型	学习活动	小组合作，根据镰刀形细胞贫血症的致病机理，总结基因与性状的关系。	学生通过合作讨论，利用学过的知识分析和阐述生物现象中基因与性状的关系。
	学生汇报	汇报镰刀形细胞贫血症的致病机理，如图 3-18 所示。 DNA → RNA → 蛋白质 → 性状 异常的血红蛋白基因　异常的血红蛋白　细胞：镰刀形红细胞 个体：镰刀形细胞贫血症 图 3-18　镰刀形细胞贫血症的致病机理	
	教师点拨	基因通过控制蛋白质的合成直接控制生物性状，但有时直接体现生物性状的不一定是蛋白质，比如白化病。	
	呈现资料	白化病是常染色体隐性遗传，是由于先天性缺乏酪氨酸酶，或酪氨酸酶功能减退，黑色素合成发生障碍而出现的一种皮肤及其附属器官黑色素缺乏的疾病。	
	教师提问	白化病患者致病基因所控制合成的蛋白质并不直接决定性状，那么白化病基因与性状关系如何？	
	学生回答	白化病致病的直接原因是物质代谢异常，白化病致病基因所在位置原控制合成的蛋白质是这种物质代谢相关的酶。	

续表

教学环节	课堂实录	专业点评
任务1:资料分析,建构基因与性状的关系模型	教师追问 那这两种致病基因对性状控制机理的关键区别是什么? 学生回答 所控制合成的蛋白质类型是结构蛋白还是酶。 总结归纳 基因控制生物性状的方式如图3-19所示。①通过控制蛋白质分子的结构来直接控制性状。②基因通过控制酶的合成来控制生物体内的生物化学反应,从而控制生物性状。 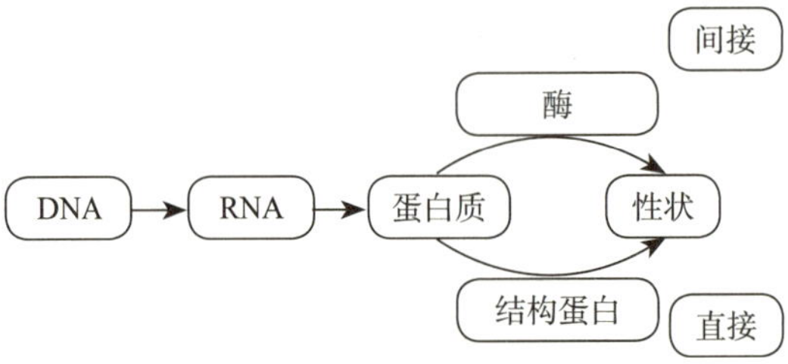 DNA → RNA → 蛋白质 → 性状（酶→间接；结构蛋白→直接） 图3-19 基因控制生物性状	层层深入的材料分析可以引导学生自主建构"基因控制生物性状"概念。
任务2:分析实例,概述"基因序列不变,但表型改变"的现象	过渡 基因通过控制蛋白质的合成来控制性状,那么在基因碱基序列不变的情况下,其所控制的蛋白质是否有可能发生变化？表型是否可能改变？ 呈现资料 研究人员选取若干具有相同遗传条件及健康状况的小鼠,分别采用高脂肪、低脂肪和正常食物连续喂养6个星期,结果采用高脂肪食物喂养的小鼠出现了肥胖症和葡萄糖不耐受现象。 教师引导 高脂肪组小鼠表型发生的改变是肥胖症和葡萄糖不耐受现象,这是因为高脂肪食物在这六个星期里引起小鼠DNA序列的改变吗？ 学生回答 不是,遗传物质DNA具有稳定性。 教师追问 那么,根据基因与性状的关系,如果DNA序列不变,高脂肪食物影响了哪个过程？ 学生回答 高脂肪食物影响了基因表达的过程,进而影响性状。 归纳总结 部分环境变化会影响基因表达从而引起性状改变,但不改变DNA序列。	理解生物界存在"基因序列不变,但表型发生改变"的现象是学生学习表观遗传的基础。情境实例可以引发认知冲突。
任务3:借助物理模型,探索"基因序列不变,但表型改变"的机制	教师引导 这种DNA序列不变而表型改变的机理是什么？我们从真核生物遗传物质DNA及遗传物质主要载体染色质开始认识。 呈现资料 在真核生物细胞中,染色质(体)由DNA、蛋白质和少量RNA组成。其中DNA分子与一些蛋白质结合在一起,带负电的DNA分子缠绕在带正电的蛋白质分子上,使原来细长的DNA分子盘绕成紧密的结构。这样,基因及其"开关"就被隐藏起来了。 教师提问 根据资料,请推测当某个基因表达时,该基因所在DNA区段应该与组蛋白盘绕还是从组蛋白上解离出来？为什么？ 学生回答 从组蛋白上解离出来,解离后该基因启动部位才能与RNA聚合酶结合,发生转录。 呈现资料 "DNA和组蛋白的缠绕状态与基因的表达有关"视频。 教师引导 那么DNA与组蛋白缠绕状态的改变如何实现？又如何影响基因表达？仔细阅读教科书第82页,并小组讨论。	

续表

教学环节	课堂实录	专业点评
任务3：借助物理模型，探索"基因序列不变，但表型改变"的机制	学生活动　分组讨论，4人一组，组长负责上台展示并解析。以A、B两组为例。 A组：根据资料讨论，解析组蛋白乙酰化过程。 （教师提示：组蛋白上带正电的基团（—NH$_2$）发生了什么？组蛋白因此发生什么改变？DNA和组蛋白缠绕情况发生什么改变？对基因表达的影响是什么？） B组：根据资料讨论DNA甲基化会引起的变化，并解析。（①基因碱基序列改变。②mRNA合成受阻。③可能影响生物性状。④可能影响细胞分化。） 呈现资料　DNA甲基化的过程。 学生汇报　汇报情况，以A、B两组为例。 A组：模型展示组蛋白乙酰化过程。 B组：②③④会发生变化，DNA甲基化只是在基因启动子的胞嘧啶上加上甲基基团，并未改变基因碱基序列，所以①并未发生，而DNA甲基化使染色质高度螺旋化，基因不能转录，所以mRNA合成受阻，进而影响性状。DNA甲基化使一些基因不表达，涉及基因选择性表达，可能影响细胞分化。 归纳总结　DNA内储存的信息能否被读取与DNA甲基化和组蛋白乙酰化有关。	甲基化、乙酰化等内容较为抽象，教师借助物理模型可使其形象化。
任务4：资料分析，建构表观遗传的概念	过渡　这种机制引起的表型改变能否遗传？ 呈现资料　研究人员又从参加实验的所有小鼠体内采集了精子和卵细胞，使之结合，培养出胚胎，并移植到正常的、健康的代孕雌鼠体内。由此培育出的后代均被喂以高脂肪食物。结果发现，双亲均肥胖的小鼠在体重增加上比那些双亲中只有一个肥胖的小鼠要明显高很多，双亲均瘦弱的小鼠则是体重增加最少的；在小鼠的葡萄糖不耐受方面也观察到类似的规律。 学生回答　DNA序列不变，环境通过影响基因的表达影响生物性状，且这种对基因表达的影响可遗传给后代。 师生得出概念　亲代传递给子代的DNA序列没有改变，亲代在生活中由于生活环境或生活习惯的改变而引起的身体状况变化，会通过某种途径传给下一代，即父母生活经历可以通过DNA序列以外的方式遗传给后代的现象，称为表观遗传现象。 总结归纳　组蛋白乙酰化、DNA甲基化这种不通过DNA序列改变而影响性状有时能遗传给子代，这种变化称为表观遗传修饰，如图3-20所示。 图3-20　表观遗传修饰概念图	概念的建构需基于实证，本环节体现了基于证据的概念建构。

续表

教学环节	课堂实录	专业点评
任务5：收集资料探讨表观遗传机制的意义	**教师提问**　表观遗传有何意义？ **学生活动**　自主收集资料，探讨表现遗传的意义。 **师生总结**　①表观遗传机制可以使生物打破DNA变化缓慢的限制，使后代能迅速获得亲代应对环境因素做出的反应。②改善生活环境，保持良好的生活习惯和作息十分重要。③任何一个层面异常，都将影响染色质结构和基因表达，导致复杂综合征、多因素疾病以及癌症。和DNA序列改变不同的是，许多表观遗传的改变是可逆的，这就为疾病的治疗提供了乐观的前景。	基于表观遗传现象及修饰机制展开讨论，对事例做出理性判断和解释，可以培养学生崇尚健康文明生活的意识。
回归单元核心问题，综合应用概念	**展示情境**　人体中存在多种血红蛋白基因，个体在生长发育不同阶段对氧气需求不同，血红蛋白表达情况也会发生改变。新生儿血红蛋白以胎儿血红蛋白为主，占70%左右。生长发育过程中，成人体内的一种"关闭"开关会表达，进而停止胎儿血红蛋白的产生。而成年人血红蛋白以成人血红蛋白为主，占90%以上，胎儿血红蛋白仅占一小部分。总的来讲，成人血红蛋白结合氧的能力非常强，更适合体重更大的个体生存，而镰刀形细胞贫血症患者成人血红蛋白基因异常。 **学生活动**　小组讨论，结合活动情境材料，用卡纸建构成年人各血红蛋白基因及血红蛋白之间的关系图，阐述基因与基因、基因与性状的关系。 **学生展示**　成年人的成人血红蛋白基因表达生成成人血红蛋白，"关闭"开关的基因表达沉默了胎儿血红蛋白基因，最终使成年人血红蛋白以成人血红蛋白为主，占90%以上，胎儿血红蛋白仅占一小部分。其关系如图3-21所示。 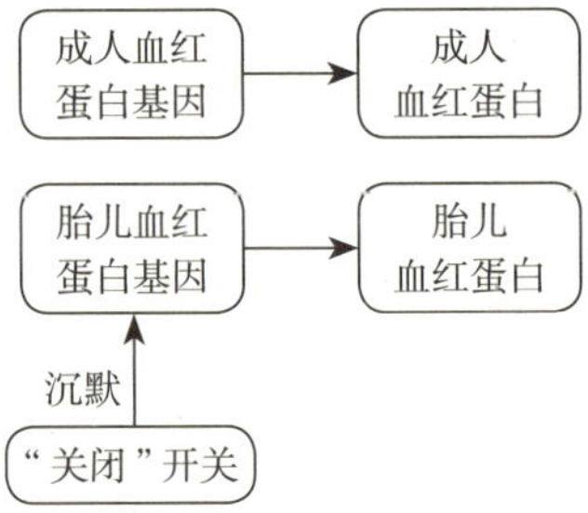 图3-21　成人血红蛋白基因与血红蛋白的关系 **交流分享**　一个性状涉及多个基因，不同发育阶段基因的表达情况不同，存在基因的选择性表达；人类个体能根据不同生理状况调整基因的选择性表达…… **学生活动**　小组讨论：如果你是科学家，根据现有信息该如何改变基因表达情况来治疗镰刀形细胞贫血症？ **学生汇报**　沉默成人血红蛋白基因，不产生异常血红蛋白，沉默"关闭"开关，表达胎儿血红蛋白基因，产生的正常胎儿血红蛋白承担运输氧气的任务。	本环节的教学紧紧围绕结构与功能观展开，让学生用生命观念认识生物的独特性和复杂性，以形成科学的自然观，并以此评价学生在治愈镰刀形细胞贫血症这一情境中，迁移应用表观遗传现象和表观遗传修饰机制概念的情况。

续表

教学环节	课堂实录	专业点评
回归单元核心问题，综合应用概念	**过渡** 科学和技术是相互促进、螺旋上升的，科学的进步会推进技术的突破，技术的进步会实现科学的发展。我们来看一下现有技术是如何实现大家的设想的。 **呈现资料** 视频"2020年十大科学突破之一"。 **单元反馈** 回归本单元最初的问题，镰刀形细胞贫血症如何诊断？ **师生总结** 4个层面：个体层面，个体存在黄疸、贫血、脾脏大等症状，但需要进一步检查确定；细胞层面，通过镜检可见大部分红细胞镰刀形；蛋白质层面，进行血红蛋白分析可见有异常血红蛋白；基因层面，可进行基因检测。 **教师提问** 镰刀形细胞贫血症如何治愈？ **学生总结** 方案一：为造血干细胞补上正确的血红蛋白基因；方案二：调节基因表达的情况，沉默成人血红蛋白基因，表达胎儿血红蛋白基因，以此提供足够的、健康的血红蛋白来补偿突变。	学生通过对镰刀形细胞贫血症诊断和治愈这两个问题的探讨实现了单元反馈，既梳理了概念之间的关联，又实现了新的情境下对概念的应用。
回归单元情境，实施评价	**评价任务** 关于镰刀形细胞贫血症还有什么新的研究思路和角度？请选择以下任一课题，查阅资料完成一份综述或未来预测。可选方向：①镰刀形细胞贫血症的可行治疗方案。②表观遗传修饰与人类重大疾病关系及其相应机理。③部分表观遗传修饰在经历配子形成过程以及胚胎发育早期，细胞两次表观遗传修饰的重编程后，仍能传给后代的原因（即表观遗传修饰怎么遗传给后代）。④表观遗传修饰与基因编辑的关系。	学生深入探究课堂未解决的问题及其背后的机理，树立了科学精神，通过评价任务实现了更高层次的概念应用。

（三）教学反思

本课时的亮点主要体现在3个方面：一是重视单元情境与课时情境的有机融合，在镰刀形细胞贫血症不同治疗方案的有序铺陈下实现了课时概念和重要概念的有效关联。本课时通过回顾上一课时基因编辑治疗方案等内容，分析基因与性状的关系，同时，基于这一情境和现有的治疗方案分析影响性状的因素及其作用机理，基于表观遗传修饰机理思考镰刀形细胞贫血症治疗的潜在研究方向。学生能在情境中解答问题，排除疑虑，整个思维的过程是分析、解决问题的过程，最终实现了概念的概念化。二是本课时始终紧扣基因的表达展开讨论，设计"情境—任务—活动—评价"的课时教学主线，明确概念之间的关联，并在情境下应用概念。围绕主线推进活动探究，学生在学习过程中产生新的体验、问题、思考，使所学概念得以拓展创新，提升学习的积极性。三是采用了有一定情境的开放式评价方式，如简答、任务、报告、真实情景下的问题解决等。

本课时存在的不足之处：一是模型建构方面。我没有采用DNA甲基化的模型，最后用文字、视频、图像等资料实现DNA甲基化的具象化。二是学业质量的评估。我在组蛋白乙酰化模型建构后，通过师生互评和生生互评的方式，检测教学目标是否有效达成。该评价过程缺少量化的评价表，量化的评价表既可以指导学生建构模型，也可以帮助学生学习如何科学、严谨地进行评价。

（四）总体评析

单元教学设计有利于教师追求科学教学目标的有效设计和持续落实，而不拘于一课时内容来落实学科核心素养。本课时围绕"镰刀形细胞贫血症"这一单元情境展开，以"情境—任务—活动—评价"为主线展开教学，帮助学生建构概念的同时发展生物学学科核心素养。教学设计和课堂实施表现出如下特点：

1. 真实情境激发学生学习的兴趣。

生物学学科核心素养的发展离不开情境的支撑，真实、生动的情境不仅受学生的喜欢，更能引发学生的探究欲，帮助课堂教学活动的深入开展。本课时以镰刀形细胞贫血症治疗这个科学研究热点为情境，引发学生对细胞膜结构以及结构与功能相关性的思考，为结构与功能观的发展做支撑。

2. 合理运用模型建构，促进概念理解。

建构主义理论认为，学习的实质是学习者积极主动地进行有意义建构的过程。研究表明，体验是学习信息的关键来源，学生在积极的学习体验中能更有效地建构重要概念。本课时教师通过组蛋白乙酰化模型的建构来组织学生的活动。资料分析、分组讨论、观察思考、活动体验等适切的探究活动可以让学生经历初步感知、初构概念、理解概念、完善概念、拓展概念、应用概念等过程，真正实现概念的自主建构和深度理解。

3. 评价聚焦于学生对概念的理解。

教学设计及实施突出学生的主体性，努力创造适合学生自主学习、主动学习的情境和方法。单元教学的评价应聚焦学生对概念的理解和应用，理解表现在两个方面：一是概念之间的关联；二是新的情境下对概念的应用。因此评价工作就应该考查学生对概念的理解，以及更高认知层次的概念应用。本课时在镰刀形细胞贫血症治疗方案的探究活动中践行了这一理念，让学生用生命观念认识生物的独特性和复杂性，形成科学的自然观，并以此评价学生在镰刀形细胞贫血症这一情境中迁移应用表观遗传现象和表观遗传修饰机制的概念的情况。

4. 基于课内延伸课外，关注社会责任的落实。

本课时教学中体现了科学发展促进技术进步，技术进步促进科学发展，科学和技术是螺旋上升发展的特点。学生深入探究课堂未解决的问题及其背后机理，形成"研究表观遗传机理，服务人类健康"的理想信念，树立实现镰刀形细胞贫血症治疗平民化的目标。

5. 改进建议。

回归单元情境,实施单元评价。本课时是单元3的最后一课时,需要实施单元评价。单元评价任务的设计,要回归到单元情境中来,应用本单元所习得的概念,解决单元核心问题,即提出镰刀形细胞贫血症的诊治方案。从本课时的实施来看,这一环节显得单薄,评价基本围绕表观遗传展开,没有站在单元的高度进行。

聚焦重要概念,形成概念体系。本研究的主题是聚焦重要概念的单元教学,即单元的单元是重要概念,而且教学设计的初始就架构了单元的概念体系。这种概念体系不能仅仅停留在教师的心中,而应该体现在学生的心中,因此,单元的最后一课时还应该有一个活动,就是引导学生建构出本单元的概念体系。这一环节,本课时遗漏了。

单元教学的评价应聚焦于学生对概念的理解和应用,可采用有一定情境的开放式评价方式,如访谈、简答、任务、报告、绘制概念图、真实情境下的问题解决等。

(本课时由浙江省东阳中学王壮苗老师执教)

单元 4

由基因突变、染色体变异和基因重组引起的变异是可以遗传的

专家解读

一、单元教学分析

生物变异与生物进化、良种选育以及人类健康的关系极为密切。生物变异的产生包括基因突变、基因重组和染色体畸变。基因突变是指碱基的替换、插入或缺失引发的基因碱基序列改变,进而导致基因表达蛋白及相应细胞功能发生的变化。在物理、化学、生物因素的作用下,基因突变概率可能提高。发生在生殖细胞的突变还可以遗传给后代。基因重组普遍存在于有性生殖生物的减数分裂过程中,染色体的自由组合和交叉互换导致不同性状的基因重组,使子代出现变异。染色体畸变是指生物细胞中染色体在数目和结构上发生的变化,可能导致生物性状的改变甚至死亡,这体现了结构与功能相适应。学生通过实际问题的解决和人类遗传病的检测和预防,体会社会责任。

通过前面几个单元的学习,学生已经能够说出遗传信息编码在 DNA 上,DNA 可以通过复制传递遗传信息,通过表达控制蛋白质合成即控制性状,基因伴随染色体进行传递;了解了减数分裂过程染色体通过配子传递给子代,初步形成了结构与功能观。这些为本单元学习目标的完成奠定了良好的基础,学生在应用本单元知识解决问题时可将这些知识进一步深化,从辩证的角度体会遗传过程中不变的规律和变化的现象。

二、单元概念解构

本单元聚焦课程标准中的重要概念"由基因突变、染色体变异和基因重组引起的变异是可以遗传的",该重要概念支撑大概念"遗传信息控制生物性状,并代代相传"的建构。本单元的教学主要分为 5 个课时,分别对应"基因突变可能引起性状改变""基因重组使子代出现变异""染色体畸变可能引起性状改变""人类遗传病是可以检测和预防的"4 个次位概念,共同聚焦本单元的重要概念,支持"地球上的现存物种丰富多样,它们来自共同祖先""生物多样性为人类生存提供资源与适宜环境"等重要概念的学习。这些概念之间的关系如图 4-1 所示。

单元 4　由基因突变、染色体变异和基因重组引起的变异是可以遗传的

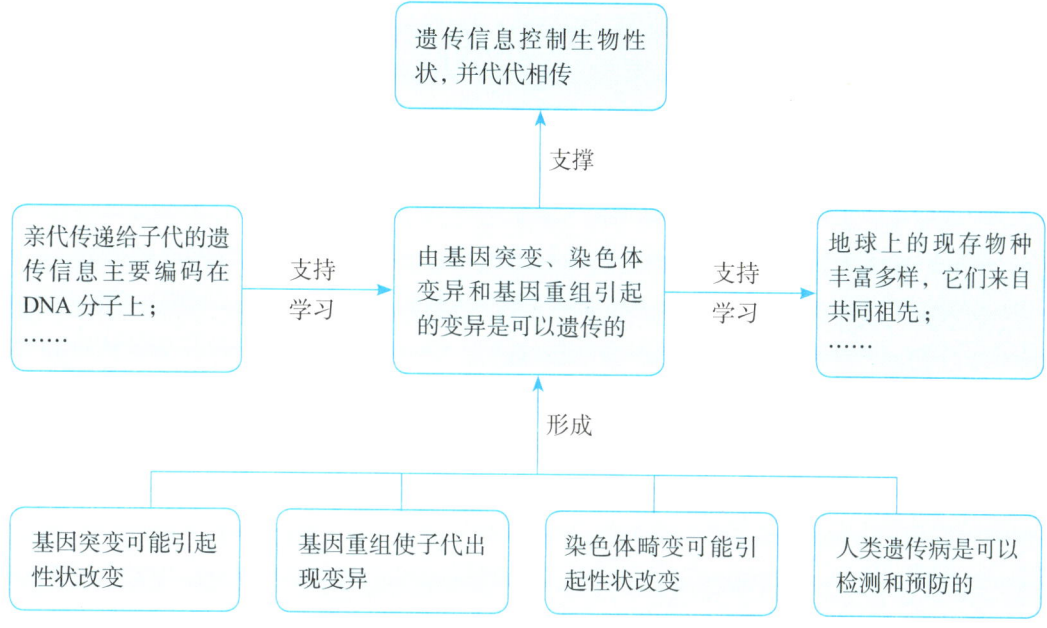

图 4-1　单元 4 相关概念间的联系

三、单元目标

（一）学习目标

1. 通过模型建构、归纳和总结，推断基因突变的不同类型，解释进行有性生殖的生物在减数分裂过程中，染色体所发生的自由组合和交叉互换会导致控制不同性状的基因重组，以及说明染色体结构变异的类型，基于科学思维揭示变异的物质基础。

2. 描述生物变异概率的影响因素，分析变异的生物学意义以及遗传物质改变对生物性状的影响，形成结构与功能相适应的生命观念。

3. 依据生物变异的类型及农业生产的实际需求，提出可行的育种方案，并能设计育种程序，比较杂交育种、单倍体育种、诱变育种、多倍体育种、转基因技术等不同育种方法之间的优缺点。

4. 基于对变异、遗传病等相关资料的查询，以及遗传与进化的观点，学会运用生物学原理解释生物学社会议题。

（二）评价目标

1. 通过阐述可遗传变异的类型，分析遗传物质改变对生物性状的影响，及常规遗传学技术在现实生产生活中的应用，认同结构与功能相适应这一生命观念，解释较为复杂

问题中的具体问题。需要具备生命观念的二级水平。

2. 通过模型的建构、调查、归纳等科学方法，揭示生物变异的机制，并能用模型和语言表达其内涵，说明人类遗传病是可以检测和预防的，能够辩证性地评价变异在生物进化中的作用和意义。需要具备科学思维的三级水平。

3. 针对生产生活实际要求，通过相关资料的查阅，设计恰当可行的育种方案，提出生物变异的预防措施和其他可探究的生命科学问题。需要具备科学探究的三级水平。

4. 关注育种技术在社会生活中的应用，关注转基因技术的安全性，辨别并揭穿伪科学，针对生物变异的诱导因素，制订并践行健康生活计划，总结制订遗传病的检测和预防方法。需要具备社会责任的三级水平。

四、单元教学思路

（一）单元情境

以番茄育种为明线，探讨变异产生的原因，再运用变异机理，根据不同目的和要求选择合适的育种方案，运用变异原理进行人类遗传病的检测和预防。生物的变异如何产生？这些变异现象对生物的生存、繁衍有何影响？变异的原理能否提高人类的生活质量，能否为改造世界提供有力的工具？

（二）核心任务

探究番茄育种背后蕴藏的生物学原理，根据不同目的和要求设计合理的育种方案，依据变异原理，综合运用不同水平的遗传病检测手段提出防治建议。

（三）教学流程

以支撑本单元重要概念所需的次位概念为课时学习主题，课时教学以问题、任务、活动与评价为主线展开。本单元教学流程如图4-2所示。

单元 4　由基因突变、染色体变异和基因重组引起的变异是可以遗传的

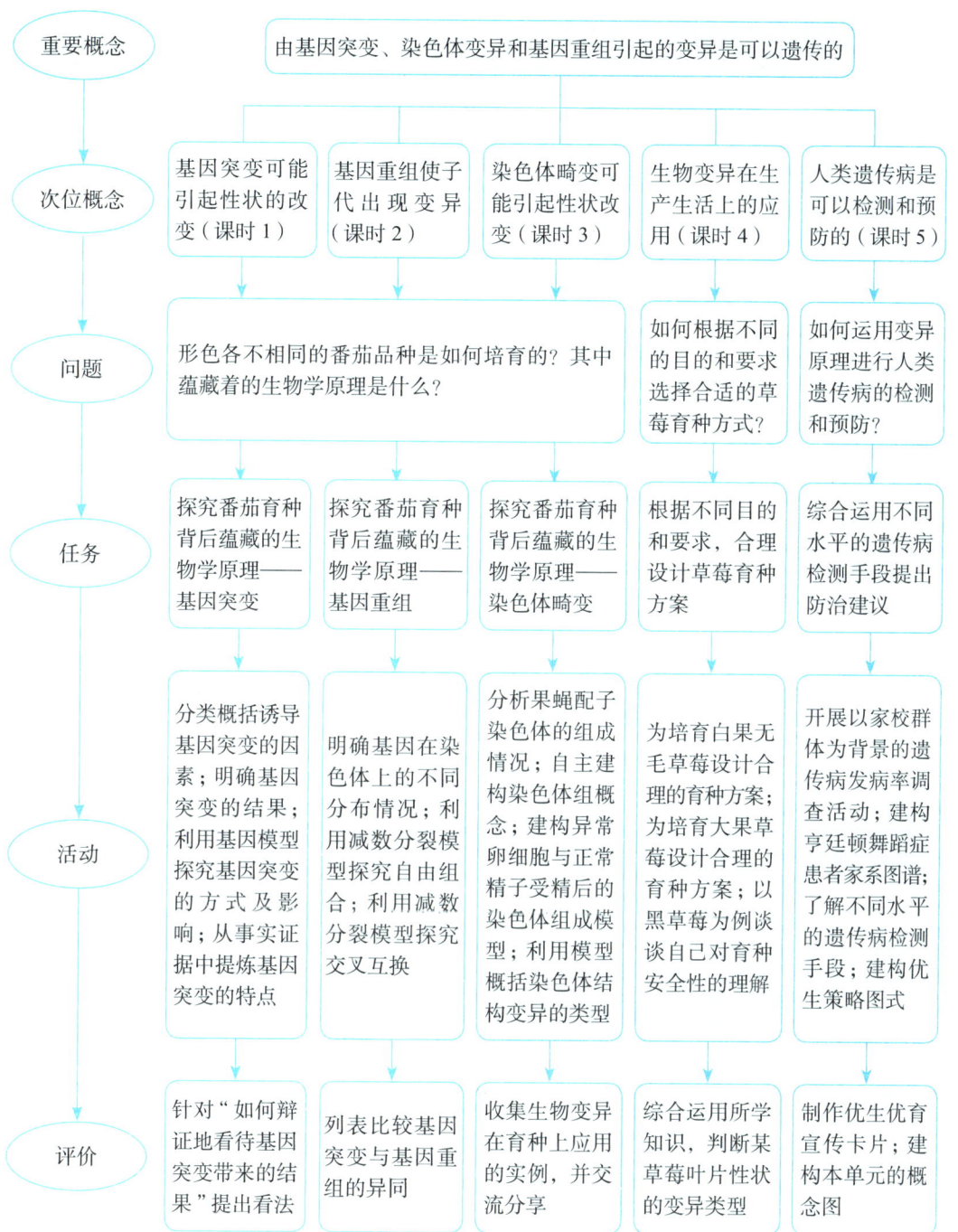

图 4-2　单元 4 教学流程

五、课时教学案例

课时1 基因突变可能引起性状改变

（一）课时概念解析

本课时的概念为"基因突变可能引起性状改变"，该概念的建构需要以下基本概念或证据的支持。

1. 碱基对的替换、插入或缺失会引发基因碱基序列的改变。
2. 基因碱基序列的改变有可能导致它所编码的蛋白质及相应的细胞功能发生变化。
3. 在某些化学物质、射线以及病毒的作用下，基因突变概率可能提高。

（二）课堂实录

教学环节	课堂实录	专业点评
创设单元情境，提出核心问题	课前准备　课前为各小组准备形态、大小、口感各异的番茄品种，学生提前熟悉情境材料，对目前市面上形色各异的番茄品种形成直观的感性认识。 核心问题　生活中最常见的一般是红果肉番茄，那么这些形色各不相同的番茄品种是如何培育的？其中蕴藏着的生物学原理是什么？	用学生熟悉的生活情境导入新课可以将生物变异与生活紧密联系，这不仅能有效激发学生的兴趣，还能提升社会责任感。
任务1：探究基因突变的诱发因素及其结果	呈现情境　我国早在1987年就利用返回式卫星进行航天育种研究：将作物种子带入太空，利用太空中的特殊环境诱导基因发生突变，获得了一些以前没有的性状，然后选择优良的品种进行培育。通过航天育种，我国培育出了太空黑钻石、黄钻石小番茄等。 教师提问　①通过航天育种获得了一些新的性状，航天育种的生物学原理可能是什么？②请猜测太空中的何种特殊环境导致了番茄种子变异的产生，若抛开太空环境，还有没有其他的环境因素呢？ 学生活动　分类概括诱导基因突变的因素。 教师提问　对番茄来说，基因是有遗传效应的DNA片段。已知番茄的黄果肉基因b是由红果肉基因B突变造成的，据图（图4-3）思考基因B与b之间是什么关系，B和b的本质区别是什么？ 　　　　　基因B　　　　　　　　　基因b 基因　ATGAGACCT　　　ATGAGCCCT 　　　TACTCTGGA　　　TACTCGGGA 　　　图4-3　基因B和b的部分序列	航天育种相关情境可以引导学生分类概括诱发基因突变的因素，明确了基因突变的结果。在生活情境的基础上展开新知识的学习，降低了学生对新知识的陌生感。

续表

教学环节	课堂实录	专业点评
任务1：探究基因突变的诱发因素及其结果	学生活动　初步建构"碱基对替换会导致基因结构的改变"概念。 教师提问　基因指导相关蛋白质的合成，已知番茄的红果肉基因（B）对黄果肉基因（b）为显性，请你运用基因表达的相关知识解释为什么会出现番茄果肉颜色的差异。 学生活动　根据碱基互补配对原则写出 mRNA 上的碱基序列，查阅教科书第74页的遗传密码表，翻译出多肽链上的氨基酸序列。	
任务2：探究基因突变的不同方式及其影响	过渡　还有没有其他方式会导致氨基酸序列发生改变？ 学生活动　利用提供的 DNA 模型材料，以小组为单位，根据碱基互补配对原则将手上基因的模型补充完整，并对比分析手上基因与红果肉基因 B 序列有无差异。若有，描述差异类型及其影响。 活动提示　各小组拿到的基因模型序列有所差异，共4种情况： ①碱基对替换后，此处仍为精氨酸密码子； ②碱基对替换后，此处为终止密码子，翻译提前终止； ③碱基对缺失； ④碱基对插入。 每种情况各设两组，学生展示结果，不同小组互相评价并补充。 学生活动　在补充完整模型的基础上，比较手头基因与基因 B 序列的差异，根据碱基互补配对原则写出 mRNA 上的碱基序列，查阅遗传密码表翻译出多肽链的氨基酸序列，描述对性状的影响。 交流评价　听取不同小组的结果分享，并做出合理的评价。	本环节通过建构模型，让学生初步认同生物体结构与功能相适应这一生命观念。物理模型将基因突变这个微观、抽象概念宏观化和具体化，更易于揭示其原理和实质。教师为学生提供时间和空间，引导学生小组合作讨论并解决问题。学生通过参与讨论来获取信息，加强了对新概念的理解，最终将新概念内化到自己的认知结构中。
任务3：从事实证据中提炼基因突变的特点	总结过渡　在模型展示活动中，不同组的基因序列与基因 B 序列都存在差异，这些差异是基因突变造成的。基因突变只能朝一个方向进行吗？ 呈现资料　在一项新的研究中，科学家利用最先进的 DNA 测序技术，最终追溯到了导致这些差异的遗传基础。比较100个番茄品种遗传序列后发现，其 DNA 竟出现了数量多达23万种的突变。 学生总结　明确基因突变具有多方向性。 教师提问　基因突变还有其他特点吗？请尝试从下列事实中（表4-1）提炼出基因突变的特点。	教师引导学生在分析事实证据的基础上生成"基因突变的特点"相关概念，符合生物学核心素养对科学思维的要求，有利于增强学生基于事实证据提取信息、归纳整合以建构概念的能力。

续表

教学环节	课堂实录	专业点评
任务3：从事实证据中提炼基因突变的特点	表4-1 基因突变有关的事实证据 | 事实	特点
---	---
事实1：在一项新的研究中，科学家比较100个番茄品种遗传序列后发现，其DNA竟出现了数量多达23万种的突变。	
事实2：在自然状态下，番茄的突变频率一般较低，突变率为10^{-8}—10^{-5}，即10万到1亿个配子中才有一个发生突变。	
事实3：显性基因可以突变为隐性基因，隐性基因可以突变为显性基因。例如番茄的红果肉（B）可以突变为黄果肉（b），b也可以突变为B。	
事实4：在番茄个体发育的不同阶段以及番茄的不同细胞均可发生基因突变。不仅在番茄中，从低等生物到高等生物，包括人类均可发生基因突变。例如番茄的红果肉变黄果肉。	
事实5：将一批被射线照射后的番茄种子播种后，出现了大量不良性状，如白化番茄苗（光合效率低，有些在幼苗阶段即死亡），易感病番茄苗（容易感染黑秆病、溃疡病等，严重时植株不能存活），畸形番茄，空心番茄等。	| **学生活动** 从以上事实中提炼出基因突变的特点。 **师生总结** 基于概念图形式的板书（图4-4）梳理本课时概念。 图4-4 基因突变的概念图	以概念图形式呈现课堂板书，可以引导学生利用概念模型将关键知识进行梳理与辨析。学生在比较、抽象与概括、推理等思维过程中呈现概念之间的纵、横向联系，以此逐步形成"基因突变可能引起性状改变"的这一概念。

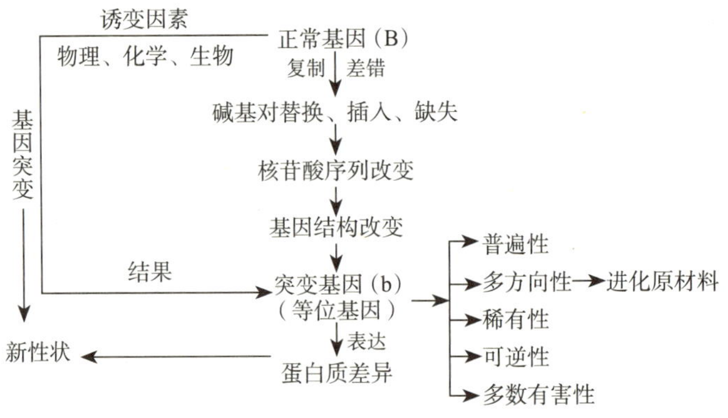

续表

教学环节	课堂实录	专业点评
联系生活，交流评价	**拓展活动** 基于对基因突变的理论学习，请就"如何辩证地看待基因突变带来的结果"为主题谈谈自己的看法。 1. 目的要求：收集基因突变在实际生产实践中的应用实例、恶性肿瘤防治、基因组编辑等方面的资料。学会收集和处理生物学信息的方法。 2. 活动提示：①资料可来源于互联网、杂志、书籍等。进行资料整理时，要标明资料的来源。除了互联网，同学们还可以去学校图书馆或当地公共图书馆查阅相关资料，学习在图书馆检索、查阅资料的一般方法。②可通过制作墙报、研讨会、分组讨论等形式对收集的资料进行交流。 **评价任务** 课后多途径地查阅相关资料，在对资料分析处理的基础上形成自己的观点，并找到充分的相关事实证据支撑自己的观点。小组间展开评价与交流。	联系生活，从理论到实践，关注基因突变在生产实践中的应用以及相关的社会性议题，可以提升学生的社会责任感。

（三）教学反思

本课时教学思路清晰，主线明确，重点突出，学生活动目标明确，学生参与度高，教学效果较好。本课时的亮点主要体现在2个方面：一是基于现实生活情境，较好地形成了"基因突变可能引起性状改变"这一概念。本课时从形色各异的番茄实物导入，依托航天育种情境展开对基因突变的结果、诱变因素、不同方式等方面的学习，最后通过概念图进行梳理和整合。这样处理既较好地聚焦了本单元的重要概念，又实现了单元知识的结构化建构。二是合理运用模型建构，较好地指向了学科核心素养。如任务2通过建构模型，推断基因结构改变可能导致其编码的蛋白质功能发生变化，进而使性状发生改变，让学生初步认同生物体结构与功能相适应这一生命观念。又如课后拓展活动中我引导学生联系生活，关注基因突变在生产实践中的应用以及相关的社会性议题，提升了学生的社会责任感。

本课时存在的不足之处：我预设"探究基因突变的不同方式及影响"的模型建构活动需要10分钟左右。但在实际教学时，学生都很兴奋，而且个别小组在搭建时出现了错误，如学生没有考虑到DNA分子反向平行的特点。因限于课堂教学时间，我催促学生进入下一环节，一方面没有展开组间评价，只是由我个别纠正；另一方面我忽略了学生享受动手参与模型制作的真实感受。评价看似"浪费"时间，实际上正是培养学生学习生物学兴趣的最佳时机。在今后的教学中，我需要充分关注学生的成功体验。

（四）总体评析

1. 基于事实与证据提取信息，完成概念建构。

生物学结论的获得和概念的建构要基于事实与证据。教师在教学过程中提供了大量的事实,并设计了一系列任务和活动,通过问题驱动引导学生分析生物学事实,归纳整合建构出概念。教师在引导学生完成概念建构的同时,也提高了学生的交流能力,提升了学生的批判性思维等高阶思维。

2. 以概念图的方式开展课堂总结,促进重要概念的综合建构。

概念图的建构不是关键知识的简单叠加,而是在比较、归纳和关联的基础上,知识综合重整的过程,这个过程使思维得到了进一步发展,概念学习也就更加丰富。教师引导学生利用概念模型将关键知识进行了梳理与辨析,学生在比较、概括、推理等的思维过程中呈现概念之间的纵、横向联系,逐步生成"基因突变可能引起性状改变"的这一概念。

3. "课前—课中—课后"统筹安排,扩大学习时空。

课前,教师利用形色各异的番茄品种吸引学生,激发了学生学习生物学知识的兴趣。课上,教师通过情境分析、模型建构等任务,层层剖析问题,引导学生主动建构概念。设置课后拓展活动,将课堂学习延伸到课外,这一开放性任务不仅能反映出学生对本课时概念的内化情况,而且能提升学生的社会责任感,符合生物学核心素养的要求。

4. 改进建议。

一是本课时教学对学生的学习要求较高,表现在学习任务比较重,思维要求比较高。如果学生没有较好的学习基础和学习能力,则难以完成课堂的大容量设计。因为课堂活动安排较满,所以课堂错过了很多有趣的生成性内容。建议适当减少本课时的容量,使活动开展得更为深入。二是在后续的教学中,应更加注重单元情境与课时情境的有机融合,真正做到"境""脉"相融。

(本课时由绍兴市第一中学杨琼老师执教)

课时2 基因重组使子代出现变异

(一)课时概念解析

本课时的概念为"基因重组使子代出现变异",该概念的建构需要以下基本概念或证据的支持。

1. 减数第一次分裂前期,同源染色体的非姐妹染色单体之间发生的交叉互换会导致控制不同性状的基因重组。

2. 减数第一次分裂后期,非同源染色体的自由组合会导致控制不同性状的基因重组。

3. 控制不同性状的基因之间重新组合,会出现新的基因型,从而使子代出现变异。

(二)课堂实录

教学环节	课堂实录	专业点评
复习导入	**教师提问** 基因位于染色体上,那么基因在染色体上的分布有什么特点?什么是等位基因?位于一对同源染色体上的一定是一对等位基因吗?什么是非等位基因?什么是复等位基因? **学生活动** 回忆并比较这几组概念,明确等位基因和非等位基因在染色体上的不同分布情况。	复习回顾等位基因和非等位基因在染色体上的不同分布情况可以为后面的分析做铺垫。
任务1:合作探究基因重组的类型——自由组合	**呈现资料** 已知番茄的抗病与易感病、红果肉与黄果肉这两对相对性状分别由一对等位基因控制,分别用A/a和B/b来表示。现通过航天育种得到了2个番茄品种,品种A为抗病黄果肉品种,品种B为易感病红果肉品种,将A、B品种杂交后,F_1全为抗病红果肉个体。让抗病红果肉个体自交,F_2的表型及其比例为:抗病红果肉:抗病黄果肉:易感病红果肉:易感病黄果肉=9:3:3:1。 **呈现问题** ①请判断这两对相对性状的显隐性。请说出品种A和B的基因型。②F_1自交时,雌配子____种,雄配子____种。F_2有____种基因型,____种表型。③F_2中出现的不同于亲本的表型是什么?这些个体的基因型与亲本相同吗?④从性状分离比思考:此时这两对等位基因在染色体上的位置如何?请用记号笔在染色体模型(图4-5)上正确标注A/a和B/b的位置。⑤试从减数分裂过程中染色体行为变化的角度分析,为什么F_2中会出现新的基因型。请模拟其中发生的关键变化。  图4-5 减数分裂模型 **学生活动** 结合情境完成合作探究,在减数分裂模型上正确标注A/a和B/b的位置,并模拟出后期Ⅰ同源染色体上等位基因分离、非同源染色体上非等位基因自由组合的关键变化,明确非等位基因的自由组合导致了新基因型的出现。 **交流评价** 请典型小组展示探究成果,教师引导其他小组进行评价补充。	番茄杂交育种的相关情境可以引导学生从熟悉的后代性状分离比9:3:3:1出发思考、推测等位基因在染色体上的位置;可以引导学生从减数分裂过程中染色体行为变化角度出发,理解配子种类多样化导致了基因组合方式的多样化,从而产生了新的基因型,后代中就有了重组性状。 以问题情境为主线极大地调动了学生的思维积极性、主动性。对学生来说,自己参与解决问题是非常重要的学习经历和体验。
任务2:合作探究基因重组的类型——交叉互换	**呈现资料** 又知番茄的果形有圆球形与卵圆形之分,也是由一对等位基因控制的,可用D/d来表示。现有2个番茄品种,品种C为黄果肉圆球形品种,品种D为红果肉卵圆形品种,将C、D品种杂交后,F_1全为红果肉圆球形个体。让F_1个体自交,得到F_2的表型及其比例为:红果肉圆球形:红果肉卵圆形:黄果肉圆球形:黄果肉卵圆形=51:24:24:1,深入研究发现,F_1产生的配子类型及其比例为bD:Bd:bd:BD=4:4:1:1。	

续表

教学环节	课堂实录	专业点评
任务2：合作探究基因重组的类型——交叉互换	**呈现问题** ①请判断果形这对相对性状的显隐性。请说出品种C和D的基因型。②F₂中出现的不同于亲本的表型是什么？这些个体的基因型与亲本相同吗？③若这两对等位基因分别位于两对同源染色体上，那么后代配子比例应为多少？根据实际的比例，请你推测这两对等位基因在染色体上的分布位置。请用记号笔在染色体模型上正确标注B/b和D/d的位置。④试从减数分裂过程中染色体行为变化的角度分析，为什么F₂中会出现新的基因型。请模拟出其中发生的关键变化。 **学生活动** 结合情境完成合作探究，正确标注B/b和D/d的位置，并模拟出前期Ⅰ同源染色体上非姐妹染色单体之间交叉互换的关键变化，明确同源染色体上非等位基因的交叉互换导致了新基因型的出现。 **交流评价** 请典型小组展示探究成果，教师引导其他小组进行评价补充。 **教师提问** ①这两种变异中都出现了性状的重新组合，都属于基因重组，在基因重组过程中有没有出现新的基因、新的基因型呢？②基因重组，是什么基因之间重组了呢？ **师生活动** 基于概念图形式的板书（图4-6）进行梳理。 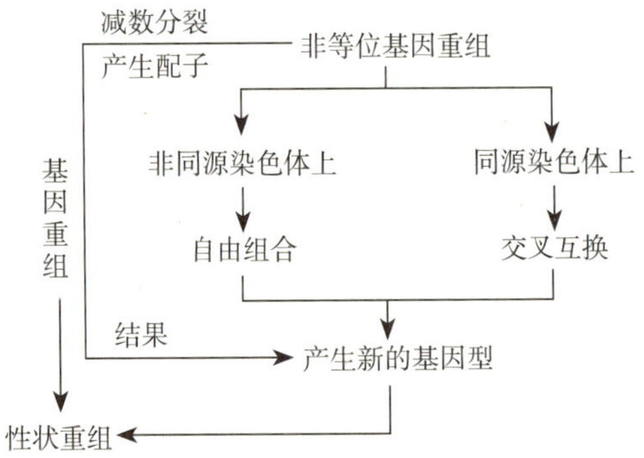 图4-6 基因重组的概念图	番茄杂交育种的相关情境，同样是两对相对性状，但后代性状分离比不再是学生熟悉的9∶3∶3∶1，可以让学生形成认知上的冲突，以此激发学生的学习兴趣，促使学生去思考背后的可能原因。以学生自主分析为主，教师逐步引导为辅，学生尝试通过观察和逐步推理的思维方法去分析背后的原因，这符合生物学核心素养对科学思维的要求。
任务3：比较基因突变和基因重组的异同	**布置任务** 回顾基因突变和基因重组，自选不同角度列表比较基因突变和基因重组的异同。 **学生活动** 不同小组从多方面比较基因突变与基因重组的异同，小组间展开交流评价与补充。	基因突变与基因重组之间既有区别又有联系，教师以列表的方式总结，便于学生理解和回忆。
关联单元情境，设置悬念	**教师提问** 到这里为止，我们不难发现手头形色各异的番茄，有的是通过基因突变得来的，有的是通过基因重组得到的，那么还有没有其他途径呢？	教师设置悬念，激发学生关注其他的可遗传变异类型，为后面学习染色体畸变做了铺垫。

（三）教学反思

本课时的亮点主要体现在 2 个方面：一是巧妙利用减数分裂模型，化抽象为具体，这利于学生对基因在染色体上的不同分布形成直观的认识，认同基因的行为与染色体的行为具有一致性，能够从染色体的行为出发推理并解释基因之间重新组合产生的不同结果。二是能积极尝试以学生为主体的多元评价方式。如在问答环节，我能以有效追问引导学生进一步比较基因突变和基因重组的区别；又如学生在展示小组探究结果时，我强调生生评价、小组互评，较好地完成了教学目标。

本课时存在的不足之处：对于大部分学生来说，要理解减数分裂中发生的交叉互换存在一定难度，而交叉互换的发生又会导致非等位基因之间的重新组合，属于基因重组的类型之一。在情境设置时，提供了两个数据：F_1 产生的配子比例为 4∶4∶1∶1，F_2 的性状分离比为 51∶24∶24∶1，预设是这可与学生脑海中熟悉的 9∶3∶3∶1 性状分离比形成冲突，以此激发学生的学习兴趣。然而，实际效果却不如预设的理想，学习基础相对薄弱的学生对这一配子比例没有敏感性，没法从这一比例出发推理出此时两对等位基因的位置关系。因此，这个情境的设置仍有待改进，我应适当降低思维的难度。

（四）总体评析

1. 关注问题设计的进阶思维，完成概念建构。

教师将问题情境化，并设计了一系列具有层次性的问题串，以问题促探究，以探究促思维。基于问题串的探究活动，帮助学生从性状分离比出发理解自由组合和交叉互换的本质，从而建构概念"基因重组使子代出现变异"。

2. 实现探究活动与概念建构的有机整合。

教学过程中，教师没有把结论直接告知学生，而是在分析现象和模拟的基础上，小组合作解决问题，明确基因重组的不同类型。在探究活动的设计上，教师以利于学生概念建构和素养发展为依据，基于学生的认知基础，合理设计问题，为学生的思考提供了支架。

3. 改进建议。

一是本课时教学对学生的思维要求较高，体现在学生要真正理解基因重组，需要以减数分裂的知识为支撑上。学生如果没有较好的学习基础和学习能力，是难以完成课堂合作探究的，尤其是探究特殊性状分离比背后的原因。因此，课堂上教师应当适时引导，协助小组探究活动的进行。二是本课时虽然有较多的组间评价环节，但在评价的量化方面，仍有待完善，教师应让学生在活动中开展有效的自评与互评。

（本课时由绍兴市第一中学杨琼老师执教）

课时3 染色体畸变可能引起性状改变

(一)课时概念解析

本课时的概念为"染色体畸变可能引起性状改变",该概念的建构需要以下基本概念或证据的支持。

1. 染色体畸变包括染色体在数目和结构上发生的变化。
2. 染色体数目的变化包括个别染色体的增减和以染色体组为基数成倍的增或成套的减。
3. 染色体数目或结构的改变都有可能引起生物性状的改变甚至死亡。

(二)课堂实录

教学环节	课堂实录	专业点评
关联单元情境,提出核心问题	**创设情境** 承接上一课时的情境:关于番茄新品种的培育,我国在1981年利用秋水仙素成功培育了新的番茄品种,它的细胞中染色体数目由普通的24条变为48条。这种番茄具有丰产、抗性强、汁甜肉厚、风味鲜美、含糖量与含茄红素量高等优点。 **核心问题** ①新品种番茄的培育蕴含什么样的生物学原理?②你如何检测番茄细胞中染色体发生的数目变化?	根据单元情境下的子情境,教师引出了新的番茄育种方法,并围绕情境提出了本课时需要解决的问题。
任务1:染色体组概念的建构	**呈现资料** 番茄染色体组成情况,如图4-7所示。  图4-7 番茄染色体组成 **教师提问** 番茄细胞有24条染色体,在研究染色体畸变涉及的具体原理时,其数目较多。为了简化染色体畸变模型,我们可以选择哪一种染色体数目较少的模式生物? **呈现资料** 果蝇的染色体组成,如图4-8所示。	教师呈现了观察染色体的科学方法,并且通过呈现番茄细胞染色体数目较自然地引出了模式生物果蝇。

续表

教学环节	课堂实录	专业点评
任务1：染色体组概念的建构	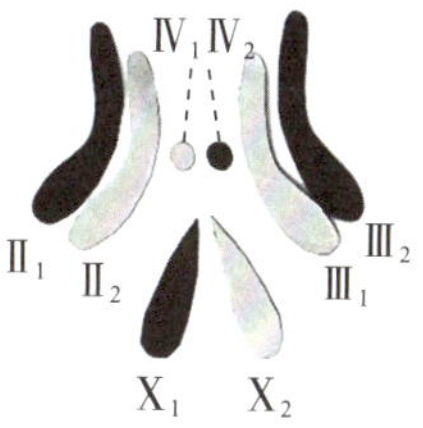 图4-8 果蝇的染色体组成 教师提问　①果蝇体细胞有几条染色体？几对常染色体？②Ⅱ₁和Ⅳ₁是什么关系？果蝇配子中有几条染色体？ 学生活动　通过小组合作，运用雌性果蝇染色体材料，摆出该果蝇一个配子中染色体的可能情况，并指出雌配子的类型。 教师提问　①该配子染色体在形态、大小上有什么特点？②这些染色体之间是什么关系？③它们是否携带着控制果蝇生长发育的全部遗传信息？ 教师讲解　介绍二倍体和多倍体的概念。 教师提问　能否给出染色体组的概念？ 学生总结　二倍体配子中全部染色体为一个染色体组，并指出染色体组中染色体的特点。	回顾果蝇染色体组成可以让学生回忆同源染色体和非同源染色体的概念以及减数分裂形成配子的过程，有效衔接建构配子染色体组成的活动。 关于染色体组概念的建构，建议教师加以引导。对于该概念的掌握情况要及时地进行检测。
任务2：从模型建构中归纳染色体数目变异的概念及类型	过渡　在形成配子的过程中，细胞染色体数目可能会发生变化而导致异常配子的产生。 呈现资料　1932年，美国科学家布里吉斯用X射线照射大量雌性果蝇后，收集到一些如图4-9所示的卵细胞。 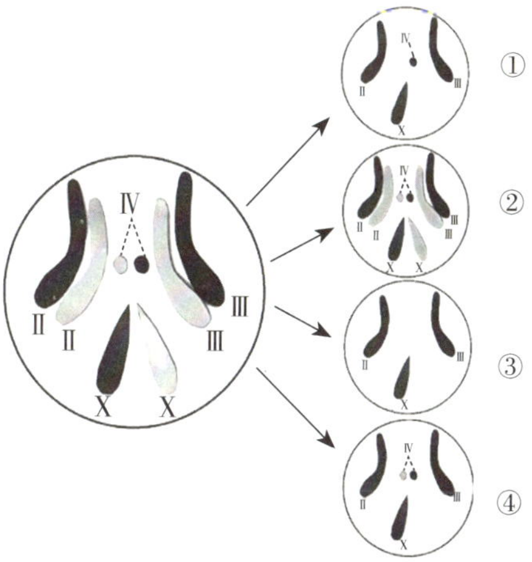 图4-9　X射线照射后得到的不同卵细胞 教师提问　各个卵细胞有几条染色体？几个染色体组？	科学研究资料的呈现可以引出"染色体在数目上会发生变异"的内容，教师提出了需要解决的问题，并且利用建构模型的方法，培养学生比较分析的能力。

107

续表

教学环节	课堂实录	专业点评
任务2：从模型建构中归纳染色体数目变异的概念及类型	**学生活动** 小组分工合作，建构异常卵细胞与正常精子形成的受精卵中的染色体组成模型，汇报结果，指出每一种受精卵中的染色体条数以及染色体组数，并进行小组间的结果评价。 **教师提问** ①大胆推想果蝇的正常卵细胞能不能发育成一个个体，为什么？②自然界中是否有这样的现象？ **学生活动** 讨论①②问题，并根据单倍体的定义，解决以下几个问题：③单倍体的体细胞中是否一定只含有一个染色体组？④如何判断一种生物属于几倍体？ **教师总结** 体细胞中的染色体是以染色体组的形式成倍增加或成套减少的变异称为整倍体变异，以单体的形式增加或减少称为非整倍体变异。刚才我们建构的多倍体果蝇一般是死亡的，而有单体的果蝇也有可能发生性状的改变从而表现出某些疾病。	层层递进的问题可以引导学生借助模型认识并叙述细胞中染色体在数目上会发生的变化。教师对于染色体数目变异可能会引起性状的变化并没有深入的解释。
任务3：从事实证据中提炼染色体结构变异的类型	**过渡** 染色体除了发生上述数目上的变化，单条染色体结构上也有可能发生变化。这是我们上节课探究基因突变类型时所做的模型，我们在遗传的染色体学说中学过，基因是在染色体上的，且一条染色体上有许多基因，所以刚才我请同学将几个基因片段连接在一起时，有同学不小心把DNA链弄断了，并重新连接好。 **教师提问** ①由此可以想一想，在细胞中有没有可能因为某些原因导致染色体发生片段断裂。②片段断裂之后重新连接的方式有哪些？ **呈现资料** 1917年，布里吉斯经实验研究结合显微镜观察后，发现果蝇翅膀后端边缘缺刻（缺刻翅）的性状变化与果蝇X染色体片段缺失有关；果蝇中正常眼变异成棒状眼是由于X染色体片段重复；果蝇正常眼变异为花斑眼是因为两条非同源染色体之间发生了易位；果蝇正常翅变异为卷翅是因为2号染色体发生了倒位。 **学生活动** 总结概括染色体结构变异的类型，并用模型解释染色体具体发生的变化。	教师用学生自己建构的模型来引出染色体结构变异，可以加深学生对于结构变异概念的理解以及其与基因突变的区别。教师对于染色体结构变异可能会引起性状的变化并没有深入的解释和探讨。
任务4：建构染色体畸变的概念图	**教师提问** ①你能否给出染色体畸变的定义？②尝试解释染色体畸变为什么有可能引起生物性状发生改变。 **师生活动** 基于概念图形式的板书（图4-10）进行梳理。 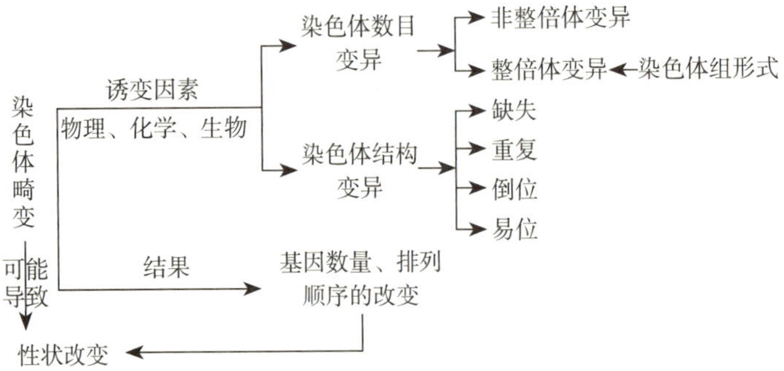 图4-10 染色体畸变的概念图	教师利用建构概念模型的方法，引导学生逐步形成了"染色体结构或数目的改变会影响遗传"的生命观念。

续表

教学环节	课堂实录	专业点评
任务4:建构染色体畸变的概念图	**教师总结** 这几节课我们学习了几种可遗传的变异,一共有哪些类型?这些变异运用于我们番茄的育种可以获得人类所需要的更优的特定品种,提高产量和销量。那么如何根据目的、依据相应原理选择更优的育种方法呢?我们下节课就尝试当一回育种规划师来进行体验。 **学生活动** 基于对生物变异原理的学习,收集生物变异在育种上应用的实例,学习育种的方法:①收集生物变异在不同生物育种上应用的实例,比较不同方法的特点。②探讨不同育种方法所运用的原理,并尝试自主设计方案。③学会收集和处理生物学信息的途径和方法。	教师通过"收集生物变异在育种上应用的实例"活动,培养学生归纳与概括、收集资料的能力,以及解决实际问题的能力,实现学以致用。

(三)教学反思

本课时的亮点主要体现在2个方面:一是将课时情境与单元情境结合,本课时将次位概念"染色体数目或结构的改变都有可能引起生物性状的改变甚至死亡"解构为"染色体数目变异可能引起性状改变""染色体结构变异可能引起性状改变"2个课时概念,并提出系列问题,分别对应学习任务开展教学活动。本课时通过科学研究资料的呈现,以活动促进概念建构,实现了课堂教学从知识重现走向知识重演。学生根据资料,结合模型建构的方法进行活动交流,在活动中有效达成了课时概念。二是重视发展学生的科学思维。建构异常卵细胞与正常精子结合形成受精卵模型的过程,既可以让学生发现、辨析、总结各种染色体数目上的变化,也可以让学生体会细胞内染色体数目变化的原因很有可能是在减数分裂形成配子时发生了异常。教学时我通过多种教学方式,如小组合作、资料分析、语言表述、问题串递进,提高了学生获取信息和理解归纳的能力。

本课时存在的不足之处:关于染色体畸变中的染色体结构变异,我没有安排足够的时间,本来也可以采用模型建构的方法,让学生体会错误连接的可能情况。由此可见,我一方面需要多引导学生进行课前预习,另一方面需要精简教学语言,提高准确性。

(四)总体评析

本课时是本单元的第3课时,通过课时1、2关于基因突变和基因重组的学习,学生已初步掌握了几种番茄育种的方法和其所涉及的原理,本课时为学习单倍体育种、多倍体育种等育种方法提供了概念支撑。本课时的教学设计和课堂实施表现出以下特点:

1.基于单元情境的真实情境创设。

本课时沿用番茄育种这条明线,以"我国成功培育四倍体番茄新品种"的真实事件为情境,以细胞中染色体可能会发生的各种变异类型的模型建构为任务,引发学生对染色体数目和结构变化类型及其原因的思考,从而学生能够举例说明染色体数目和结构变异都可能导致性状改变甚至死亡。

2. 合理运用模型建构，促进概念建构和理解。

认知是一个过程，学生必须参与到知识建构中。生物学概念的形成并不是一个被动接受的过程，而是一个主动建构的过程，在教师的日常教学中，概念教学就是教学的主线索。本课时教师以配子染色体组成、异常受精卵染色体数目组成模型建构为明线，以染色体畸变类型及影响为暗线，通过资料分析、分组讨论、合作学习等活动以及概念图的形式加深了学生对课时概念的学习。

3. 进阶式问题设计，推动思维深度发展。

学生的思维在课堂合作学习等任务中不断深入，进阶式的问题设计，可以提高学生的逻辑思维能力。在染色体组的概念建构中，教师通过对配子中染色体数目、染色体之间的关系进行提问，帮助学生回忆减数分裂过程，进而通过一系列的问题串：该配子中的染色体在形态、大小上有什么特点？这些染色体之间是什么关系？它们是否携带着控制果蝇生长发育的全部遗传信息？引导学生总结染色体组的概念及特点。

4. 改进建议。

本课时模型建构采用的是纸质模型，比较耗时，学生操作起来相对比较麻烦，建议有条件的话，选择更好的建构材料。本课时的学习任务较多，这在一定程度上限制了学生思维的深度，而且教师对于课堂时间的把握也比较关键。在课堂中教师对于染色体畸变对性状的影响、单倍体和多倍体的特点以及可以运用的场景没有很好地解释，而是选择放在了课后的探究活动中，建议可以在课后让学生进行交流评价，教师进行补充说明，为育种方法的选择做好铺垫。

（本课时由浙江省诸暨中学宣莉蓉老师执教）

课时4　生物变异在生产生活上的应用

（一）课时概念解析

本课时的概念为"生物变异在生产生活上的应用"，该概念的建构需要以下基本概念或证据的支持。

1. 基因突变指基因碱基序列改变，进而导致基因表达蛋白及相应细胞功能发生变化。

2. 不同性状的基因重组使子代出现变异。

3. 染色体数目或结构的改变都有可能引起生物性状的改变甚至死亡。

(二)课堂实录

教学环节	课堂实录	专业点评
关联单元情境,提出核心问题	创设情境　人类自从开始种植作物和饲养动物以来,就从未停止过对品种的选育,而古人的育种往往选择率不高。经过前面几节课的学习,我们基本了解了番茄常见的几种育种方法以及涉及的原理,而在实际生产生活上,我们需要根据目的和要求选择较为合适的方式。那么今天这节课我们就来当一次育种规划师,运用前面所学的育种方法,尝试给出适合的方案。春天是草莓成熟的季节,草莓具有助消化、护眼等功效。近年来出现了一种新的草莓类型——白草莓,白草莓在市场上受到了许多人的追捧,经济效益不错。我们也想培育一种白草莓品种。 核心问题　如何根据具体的目的和要求,选择合适的草莓育种方法?	本环节联系单元情境,将育种方案的选择与生物变异原理相联系,并对学生提出了更高的要求。联系生活,体验育种规划,将生物变异的来源运用于生产生活实践,这可以有效地引起学生的注意。
任务1:总结、对比杂交育种与单倍体育种	呈现资料　现在有2个野生的二倍体草莓品种:①红果无毛草莓(基因型为AABB,且A和B不在同一染色体上);②白果有毛草莓(基因型为aabb)。现需要培育一种能够稳定遗传的白果无毛草莓品种。 学生活动　根据所学生物变异的原理,以小组为单位,制订满足上述要求的合理方案,详细写明育种程序并写出该方法的优点。 学生展示　小组发言人上台展示育种方案,并讲述该方案的操作程序以及运用到的生物变异原理。不同方案的小组之间进行优、缺点的辩论。 教师总结　运用杂交、自交、纯合化方法的育种为杂交育种,运用单倍体作为中间步骤的育种方法为单倍体育种。	这个任务提升了学生对生物变异在生产上应用的能力。对育种过程的详细分析和对不同育种方式的自我评价和生生互评,可以发展学生的思维能力,让学生更好地理解了杂交育种和单倍体育种的优缺点。
任务2:总结、对比诱变育种与转基因技术	过渡　我们将培育出的草莓拿去种植,发现草莓非常容易患炭疽病。草莓炭疽病主要发生在草莓的叶片、叶柄、匍匐茎、根茎、花和果实上,受害后会引起整个植株枯萎死亡,造成严重损失。 呈现资料　所有的草莓品种都没有抗病性状,为了解决这一问题,希望在白果无毛草莓新品种基础上,培育抗病的更优品种。 学生活动　根据所学生物变异的原理,以小组为单位,制订满足上述要求的合理方案,详细写明育种程序并写出该方法的优点。 学生展示　小组发言人上台展示育种方案,并讲述该方案的操作程序以及运用到的生物变异原理。不同方案的小组之间进行优、缺点的辩论。 教师总结　运用射线照射等方法使其发生基因突变的育种称为诱变育种,还有一种为转基因技术,运用的是基因重组的原理。	学生先开展小组讨论,设计方案,分享后补充完善。对育种过程的详细分析和对不同育种方案的自我评价和生生互评,可以发展学生的思维能力,可以更好地让学生理解诱变育种和转基因技术的优、缺点。

续表

教学环节	课堂实录	专业点评
任务3：总结多倍体育种过程及其特点	**过渡** 我们培育的草莓虽然具有了我们想要的性状，但是个头太小，所以还想在此基础上获得细胞大、有机物含量高的品种。 **学生活动** 根据所学生物变异的原理，以小组为单位，制订满足上述要求的合理方案，详细写明育种程序并写出该方案的优、缺点。 **学生展示** 小组发言人上台展示育种方案，并讲述该方案的操作程序以及运用到的生物变异原理。 **教师总结** 通过使染色体数目加倍的方法得到新品种的育种方法称为多倍体育种。	教师对育种过程的详细分析可以发展学生的思维能力，让学生更好地理解多倍体育种的优、缺点。
任务4：知识活用，探讨各育种方式的安全性	**过渡** 我们已经掌握了根据目的和要求选择合适育种方法的能力，也通过育种获得了一些需要的新品种，这些品种能够满足生产中特定的需求，但是消费者对安全性却有所顾虑。现在有一种已经培育出的草莓新品种——黑草莓，但是并不知道是通过哪种育种方法得到的。 **教师提问** ①请问这种草莓你敢吃吗？你会有什么样的顾虑？②通过哪些育种方法得到的黑草莓你敢吃？哪些育种方法得到的你不敢吃？为什么？③你觉得有什么样的方法可以解决大家的疑惑？ **学生活动** 查阅、收集资料，整理归纳组内成员对育种安全性的看法和依据，通过研讨会等形式与其他组进行交流。	学生通过分析新品种的可能来源，对各种育种方法的安全性有一定的了解和判断，发展了批判性思维。
任务5：交流评价，关联单元情境，聚焦重要概念	**呈现资料** 如果给你两株草莓，有一株草莓的叶子比另一株（普通草莓植株）大得多，你如何运用所学知识判断该性状变异的原因？ **学生活动** ①尝试总结生物性状改变可能由哪些因素所致。②尝试从变异的原理出发，思考如何区分不同变异类型。③用流程图表示方法和依据。	该任务可以帮助学生建构完整的概念体系，可以评价学生是否掌握了各种生物变异类型之间的区别和联系，是否形成本单元的重要概念。

（三）教学反思

本课时的亮点主要体现在2个方面：一是延伸拓展了单元情境，牢牢把握"情境—任务—活动—评价"的主线，以"草莓新品种的培育"为情境，学生利用本单元前三个课时的概念学习，开展小组协作讨论、比较和选择，设计符合要求的育种方案，将抽象知识运用实际。学生通过层层深入的育种方案设计，能对每种育种方法所运用的生物变异原理都深入理解。二是教学评价的多元化。本课时首先在课前对学生进行了诊断性评价，以便采取相应措施使教学计划顺利进行；其次，教学过程既有问答、辩论、建模等方式，还有师生评价、自我评价、生生互评，以及关注学生学习的形成性评价。各小组之间的相互比较、评价让学生对各种育种方法的优、缺点有了进一步的了解。另外，育种程序的设计也逐步发展了学生的科学思维，帮助学生加深理解。

本课时存在的不足之处：一方面在选择育种方法时，学生对于育种方法的操作流程掌握不足，导致在选择时不能准确根据要求联想到可以采用的方法；另一方面，由于时间关系，能够体现单元评价的任务无法在课堂上展示，这些都是我需要进一步思考并加以改进的地方。

(四)总体评析

1. 真实情境创设，关注社会责任素养。

本课时借助"草莓新品种的培育"课时情境，将生物变异的原理与生产生活实践联系在一起，解决实际问题。教师基于白草莓的培育，设计一系列任务，培养了学生解决实际问题的思维习惯和能力，也指向了社会责任核心素养。

2. 进阶式任务设计，环环相扣。

学生的思维在课堂合作学习等任务中不断深入。本课时设计了环环相扣、步步深入的任务：白果无毛草莓的培育、抗病白果无毛草莓的培育、抗病白果无毛大草莓的培育，让学生对5种育种方法有了进一步的了解，以及对育种方法在不同情境下的选择有了判定的方法。

3. 教学评价方式以学生为主体。

学生活动的过程中伴随着教学评价。本课时采用了自我评价、小组评价和教师评价相结合等方式，及时地开展教学评价。教学评价贯穿整节课，这既帮助教师了解学生的学习过程，调控教学行为，也落实了"教—学—评"一致的单元评价目标。

4. 改进建议。

在本课时前，关于学生对育种类型和具体操作过程的掌握情况，教师可以先通过一些课前小任务进行检测。在教学过程中，关于育种方法所涉及的知识内容，建议教师增设学生对育种具体过程的理解程度的评价，以更好地检验学习目标的达成情况。

（本课时由浙江省诸暨中学宣莉蓉老师执教）

课时5　人类遗传病是可以检测和预防的

(一)课时概念解析

本课时的概念为"人类遗传病是可以检测和预防的"，该概念的建构需要以下基本概念或证据的支持。

1. 人类遗传病的种类有单基因遗传病、多基因遗传病和染色体异常遗传病。
2. 多种优生优育的措施可以检测和预防人类遗传病。

(二) 课堂实录

教学环节	课堂实录	专业点评
任务1：调查取证，引出议题	**情境创设** 课前组织学生开展以家校群体为背景的遗传病发病率调查活动。 **学生活动** 在文献调查的基础上，选择调查对象为发病率较高的单基因遗传病——红绿色盲和高度近视（600°以上），制订调查方案，设计并发放调查问卷。为合理规避误差，学生在收集、分析、统计数据时剔除了包括对自身情况认知不清楚、个体去世、不方便调查等无效数据。课中，学生以调查报告的形式汇报交流。 **学生讨论** ①汇总本年级的数据后计算遗传病的发病率是否接近文献数据。②解释红绿色盲和高度近视在男性和女性中发病率的差异。③发病率的调查能否判断疾病的遗传方式？	文献调查和问卷调查可以帮助学生初步学会调查和统计人类遗传病的方法。了解常见遗传病的发病情况，可以提高学生收集、处理、分析数据的能力，让学生科学评估数据的准确性，提出可行的规避误差的建议。
任务2：情感共鸣，推理遗传方式及致病机理	**创设情境** 播放视频"生命的回归"：奶奶口述家族七口人患亨廷顿舞蹈症的经历。 **学生活动** 建构该病的系谱图（图4-11），演绎推理亨廷顿舞蹈症可能的遗传方式。 图 4-11 亨廷顿舞蹈症系谱图 **情境创设** 亨廷顿舞蹈症是一种单基因遗传病，主要是位于4号染色体上的 *HTT-exon*1 基因内 CAG 三核苷酸重复序列过度扩张所致。CAG 片段在基因内重复数量为 9—36 次。在患者中，CAG 部分重复可在 37—120 次以上，CAG 重复扩增导致亨廷顿蛋白质异常增长，谷氨酰胺链则异常延长，被切割成较小的有毒片段，其结合在一起并在神经元中积累，破坏了这些细胞的正常功能。经基因检测，视频中的奶奶不带致病基因，爷爷的基因检测报告中 CAG 重复 45 次。	真实家系的口述视频能很好地唤起学生情感上的冲击和共鸣；学生在体验系谱图的制作和遗传方式的判定中，通过师生、生生评价及教师追问，认识到判定遗传方式的误区和思维定式。 问题串建立的思维冲突可以让学生深度理解基因突变和染色体畸变中"变"的对象和"变"的效应不同，从中渗透结构与功能观。

续表

教学环节	课堂实录	专业点评
任务2：情感共鸣，推理遗传方式及致病机理	**学生活动** 小组合作探讨： ①基于测序报告，明确该遗传病的遗传方式。 ②亨廷顿舞蹈症致病机制的本质是哪一种可遗传变异？如何检测？ ③能否通过胎儿性别鉴定的方式避免有遗传缺陷的患儿出生？再发风险是多少？ ④像奶奶这样的家庭（遗传病家族且曾经生育有患病个体的家庭）还有很多，我们能为他们提供哪些建议？	学生在真实创设的咨询情境中可以感悟到遗传咨询师的职业价值与素养，在职业体验中逐渐树立生涯规划的意识。教师结合国情，有的放矢，落实关注遗传病群体、宣传遗传病知识的社会责任。
任务3：建构"优生"策略图式	**创设情境** 教师展示系列资料："隐性遗传病的非近亲婚配与近亲婚配发病率表""21-三体综合征发病率随母亲生育年龄变化曲线图及相关染色体异常原理""不同孕期对致畸物的敏感性示意图""产前筛查——超声波及血清生化检测报告""产前诊断——羊膜腔穿刺技术和绒毛膜细胞检查""NIPT技术的介绍"。 **教师提问** 国家为何禁止近亲婚配？适龄生育的社会意义是什么？染色体异常受个体集中在胎儿期，从进化角度探讨这种现象的意义。孕早期避免致畸物的生物学基础是什么？超声检测主要探测的妊娠情况有哪些？生化检测采集的样本和检测的指标是什么？羊膜腔穿刺技术和绒毛膜细胞检查两项技术分别是如何采样，诊断哪些缺陷，如何反映这些异常的？NIPT技术的优势是什么？总结遗传咨询的步骤，谈一谈作为遗传咨询师，需要具备的职业素养。 **学生活动** 通过资料分析、数据提取，获取证据，建构"优生"策略图式，如图4-12所示。 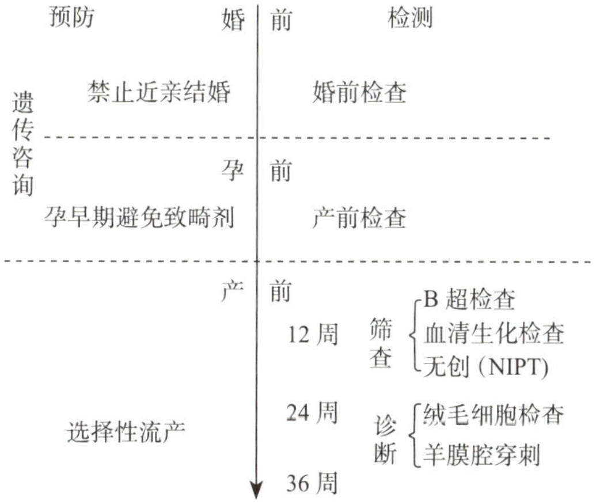 图4-12 "优生"策略图式	基于真实的案例，运用各项技术从基因水平、染色体水平及生化水平进行基因病和染色体异常病的检测可以让学生在富有层次的、合作性的探究活动中发展核心素养。 问题串的设计指向概念建构，"优生"策略图式的建构与完善是课时概念是否达成的重要指标。

续表

教学环节	课堂实录	专业点评
任务3：建构"优生"策略图式	**情境创设** 继续播放视频"生命的回归"，亨廷顿舞蹈症患者以眼角膜捐献的方式延续生命。 **学生活动** 制作"优生优育"宣传卡，课后分发社区居民。	真情感，真触动，视频如一股情感巨浪冲击学生的内心，自然地将生命观念与社会责任渗透于其中。
任务4：概念整合，显性呈现单元概念图	**学生活动** 运用结构与功能观、遗传与变异观，综合上述学习，建构本单元概念图，如图4-13所示。用文字、箭头建立概念间的联系，解释细胞核作为遗传与代谢的控制中心。 图4-13 本单元的概念图	关注课时内、课时间的知识内在联系和知识结构，可以帮助学生整体把握学科知识和思想方法，形成认知体系。

（三）教学反思

本课时的亮点主要体现在3个方面：一是在真实案例的遗传咨询中共情共鸣。有效的学习需要创设真实情境，本课时将遗传咨询渗透于一家七口人亨廷顿舞蹈症的真实案例中，在真体验、真质疑和真建构中实现有意义的深度学习。整节课"一境到底"，生命并没有因为病痛而终止延续，家族成员用眼角膜的捐献来诠释生命的另一种意义。结尾的点睛之笔巧妙地将生命观念与社会责任渗透其中，为学生在生命价值的感悟中添了浓墨重彩的一笔。二是在丰富多样的实践活动中共识共生。创设调查、资料收集、角色扮演、小组讨论等丰富的活动，充分调动学生的学习热情，学生在主动参与中发展演绎推理、归纳概括等科学思维；在亲身经历调查、资料收集、科学严谨分析、解释数据中发展科学探究能力。纸上得来终觉浅，亲历调查、体验咨询，把真实情境中问题解决的学习经验迁移至生活或工作中,促进了真学习的自然发生,在潜移默化中有效渗透了学科核心素养。三是在课内、课外的延伸中共建共融。关注课时内、课时间的知识内在联系和知识结构,这有利于学生从整体上把握学科知识和思想方法,形成具有生长力的认知体系,将以隐性形式存在于单元内容中的重要概念、次位概念以适当的形式将其显性化,对不同层级的概念进行重新加工,共建共融,以图示化形式呈现其联系与区别。

本课时存在的不足之处:在开展课前遗传病发病率调查活动时,个别小组不能熟练使用文献调查法和问卷调查法,使调查的开展存在一定难度,因此在活动中我要注重对学生的适时指导。由于课时的限制,建构本单元概念图环节较为仓促,建议在课后继续安排小组之间互相评价并修正。

(四)总体评析

1. "情境—问题—活动—评价"的一体化学习。

本课时以"情境—问题—活动—评价"一体化学习展开教学。问题情境的形成需要真实的学科背景,才能凝练成学科问题。在"调查家校群体中红绿色盲和高度近视的发病率"活动中,学生经历了调查方案的确定、调查问卷的制作、数据的有效分析整合后,衍生出:为何发病率与文献调查数据不符?男女人群中发病率不同的原因是什么?如何判断遗传病的遗传方式?等一系列问题。学生在真实的亨廷顿舞蹈症系谱图建构、测序诊断和提出预防建议中体验遗传咨询。随后教师将真实的产检报告单转化为有利于学生进行思维和加工的教学材料,合理设问,建立"优生"策略图式。整个教学聚焦学生科学思维逻辑性、严密性和深刻性的培养,以多样化的表现性评价渗透于师生教与学的交互中,有效落实了教学目标。

2. 以遗传咨询的明线指向概念建构的暗线。

整节课以遗传咨询为明线,在真实创设的咨询情境中感悟遗传咨询师的职业价值与职业素养,在职业体验中逐渐树立职业生涯规划的意识。问题串的设计指向概念建构的暗线,"优生"策略图式的建构与完善就是课时概念达成与否的重要指标。

3. 以多元化的评价方式实现目标的落地回归。

教学设计及实施突出学生的主体性,努力创造适合学生自主学习、主动学习的情境和方法。评价以促进学生的学习为目标,以课程标准的学业质量水平为评价依据。学生在不同情境中依据遗传学原理,演绎推理,综合运用不同水平的检测手段提出防治建议;以文字、图示的形式,归纳概括遗传与变异相关概念的内涵与联系,结合课前和课中对调查活动的组织、汇报、交流,撰写调查报告,课后制订并践行健康生活计划,运用遗传学技术相关原理参与优生宣传等。

4.改进建议。

本课时在活动的落实中虽然有多样化的表现性评价，但在评价的量化方面，仍有待完善，建议教师使用评价量表，更有效地帮助学生在活动中开展自评与互评。另外本课时较好地完成了预设的问题，但预设外的动态生成不够，教师可以设计开放性的问题，激发学生的发散性思维，调动课堂的生命力。由于时间限制，本课时课内、课外的延伸还不够到位，希望在后续教学中能将参与相关社会事务讨论、宣传优生策略等活动真正落实与落地。

（本课时由宁波市北仑区泰河中学张粒老师执教）

单元 5

生物的多样性和适应性是进化的结果

专家解读

 一、单元教学分析

本单元围绕生物进化理论组织教学。生物进化理论综合了生物学中各个领域的成果，同时它的思想和观点也渗透到生物学的各个领域，因此被认为是生物学最大的统一理论，可见本单元教学内容在高中生物学知识体系中具有重要地位。

生物进化理论回答了两个重大生物学问题：一是现存生物是如何形成的；二是生物是如何进化的。对这两个问题的回答即课时 1 和课时 2 的内容。课时 1 "丰富多样的现存物种来自共同祖先"概念的形成需要证据，为此教科书展示了多种证据，为以后探究进化机制打好基础；课时 2 "适应是自然选择的结果"概念的形成是以达尔文自然选择学说为基础，从个体到种群，从性状到基因，对生物进化的机制做出更本质的阐释。进化的结果导致生物多样性的形成，由此教科书进一步组织了第三节内容，从生物多样性的层次、价值以及如何保护的角度，阐释生物多样性与人类生存发展的关系。

本单元是必修 2 模块的最后一章，学生通过前面的学习已经具备了生物学最基本的重要概念，尤其是对生物的生殖、发育、遗传和变异等概念有了比较深入的了解，这为理解现代进化理论奠定了基础；同时学生在初中阶段已对达尔文自然选择学说有了一定的了解，具备初步的进化与适应观。但此时学生并未从本质上理解进化的机制，进化与适应观有待深化，对现代进化理论建立过程中蕴含的科学思维、科学方法和科学精神缺乏体会和感悟。因此，教师应遵循学生的认知特点和规律，利用学生已有的生物学知识和进化理论的前概念，从达尔文自然选择学说开始，逐步引导学生根据种群遗传物质的变化研究生物的进化，提升学生的进化与适应观等核心素养。

二、单元概念解构

本单元聚集大概念"生物的多样性和适应性是进化的结果"。此大概念的形成，离不开两个重要概念"地球上的现存物种丰富多样，它们来自共同祖先"和"适应是自然选择的结果"的支撑。"现存物种来自共同祖先"是生物进化的起点，生物在进化的过程中逐渐形成了"适应"，因此这两个重要概念联系紧密、不可分割，都是理解生物进化理论的关键,为了有利于核心素养的落实,故把这两个重要概念合并为一个主题——"生物的多样性和适应性是进化的结果"开展教学活动。

本单元概念的学习,需要许多重要概念的支持。例如重要概念"丰富多样的现存物种来自共同祖先"是在"各种细胞具有相似的基本结构,但在形态与功能上有所差异""亲代传递给子代的遗传信息主要编码在DNA分子上"的基础上形成的。再如重要概念"适应是自然选择的结果"是在"有性生殖中基因的分离和重组导致双亲后代的基因组合有多种可能""由基因突变、染色体变异和基因重组引起的变异是可以遗传的"的基础上形成的。

本单元概念的建立为学生将来深入理解"不同种群的生物在长期适应环境和彼此相互适应的过程中形成动态的生物群落""生物群落与非生物的环境因素相互作用形成多样化的生态系统"等重要概念打下基础。这些概念之间的关系如图5-1所示。

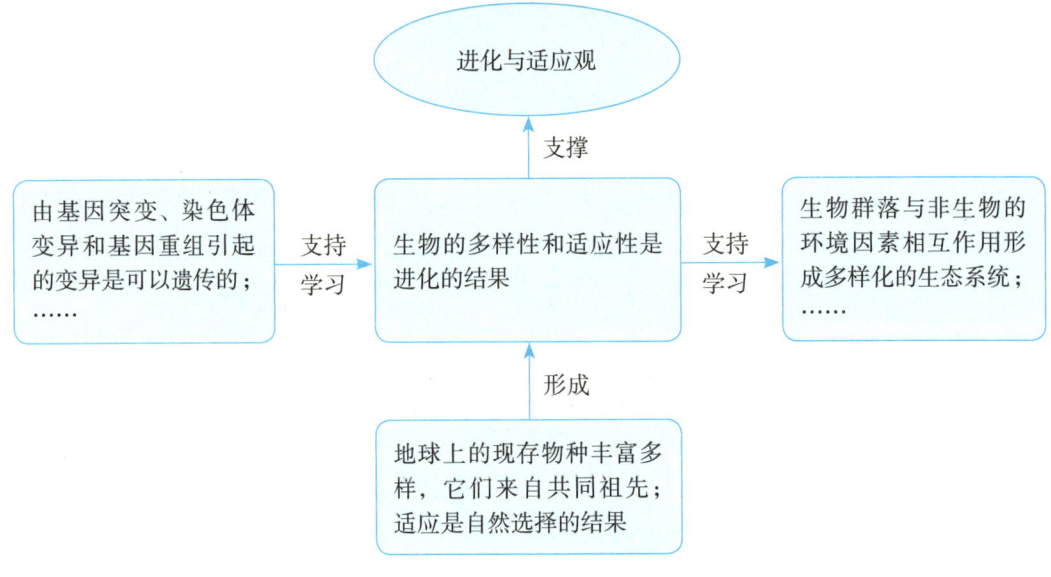

图 5-1　单元 5 相关概念间的关系

三、单元目标

(一)学习目标

1.通过分析不同类型的证据,阐明地球上现存的物种是由共同祖先长期进化形成的;举例说明变异可能带来的生存与繁殖优势,解释生物的适应是自然选择的结果,形成进化与适应观。

2. 基于多重证据，学会用证据解释现象的科学思维方法；学会用数学方法解决生物进化问题。

3. 通过收集生物进化理论发展的资料，能寻找和获取证据，并对结果进行分析、交流。

4. 运用生物进化理论，辨别迷信和伪科学；主动关注生物进化理论对人类社会的影响，以及生物多样性的现实问题对人类社会发展造成的影响，提出保护生物多样性的措施和建议。

（二）评价目标

1. 在特定的情境中，运用进化与适应观，综合应用现代生物进化理论和相关概念，解释生物的多样性和适应性。需要具备生命观念的二级水平。

2. 在给定的情境中，能基于事实、证据及生物进化理论，运用归纳与概括、演绎与推理、模型与建模的方法，选择用文字、图示或模型对生物进化现象做出解释或预测。需要具备科学思维的三级水平。

3. 能制订关于生物进化的资料文献调查方案，记录和分析获取的信息，与他人合作实施方案，以口头或书面形式与他人展开交流。需要具备科学探究的二级水平。

4. 认同生物多样性的价值，具有环保意识，并以手抄报等形式参与生物多样性保护的宣传和实践。需要具备社会责任的三级水平。

四、单元教学思路

（一）单元情境

以视频的方式展示生物多样性，展示多种不同环境的生态系统，如森林、草原、荒漠和海洋等，呈现生活其中的各种典型生物，包括同一物种的不同品种，以及它们的适应方式。

（二）核心任务

两个核心问题：如此众多的现存物种是从哪儿来的？它们是如何演变的？这两个问题的解决是本单元的核心任务。

（三）教学流程

以支撑本单元重要概念所需的次位概念位为课时学习主题，课时教学以问题、任务、活动与评价为主线展开。本单元教学流程如图5-2所示。

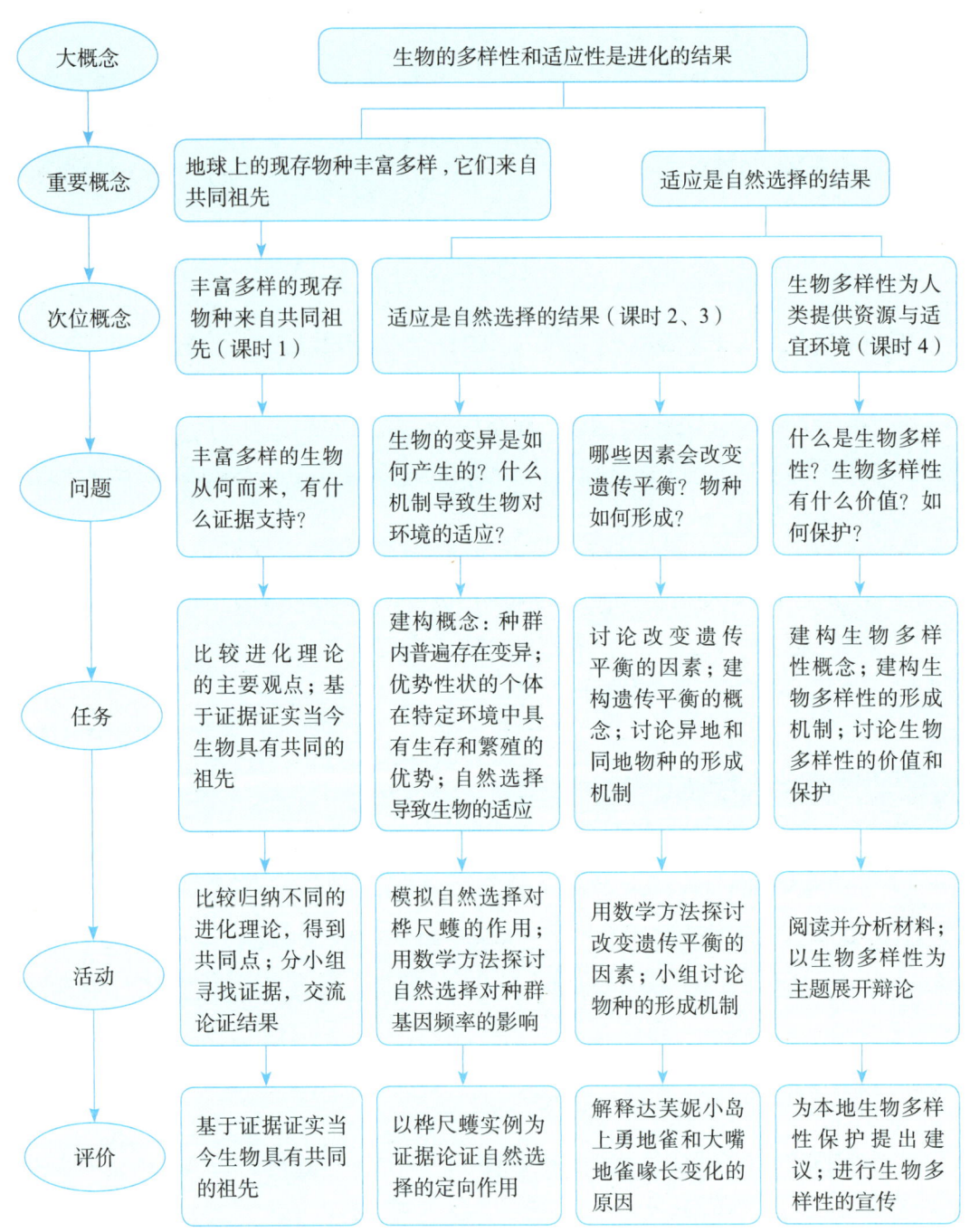

图 5-2 单元 5 教学流程

五、课时教学实例

课时1　丰富多样的现存物种来自共同祖先

课堂实录

（一）课时概念解析

本课时概念为"丰富多样的现存物种来自共同祖先"，该概念的建构需要以下基本概念或证据的支持。

1. 化石记录、比较解剖学和胚胎学等事实说明当今生物具有共同祖先。
2. 细胞生物学和分子生物学等知识说明当今生物在新陈代谢、DNA 的结构与功能等方面具有许多共同特征。

（二）课堂实录

教学环节	课堂实录	专业点评
创设单元情境，提出核心问题	**视频展示**　视频主要内容：地球上多样的环境及相应的各种生态系统中，生活着多种多样的生物种类；同一种生物还有很多不同的种类，这些生物的生活习性和适应性各不相同。 **教师提问**　我们已领略了生命世界的奇异和浩瀚，这些丰富多样的生物从何而来？	壮丽的生命画卷可以让学生直观领略到生物的多样性和适应性，以此为主线展开本单元的学习。
任务1：比较进化理论的主要观点	**教师设疑**　视频中我们看到了各种不同的生物。这里的"种"是指什么？ **学生活动**　说出自己的判断依据。 **教师引导**　总结得出物种的概念。判断下列实例是否属于同一物种：马和驴、二倍体西瓜和四倍体西瓜、各种犬。 **学生活动**　应用物种概念判断它们是否属于同一物种。 **教师提问**　多种多样的生物从何而来？它们是否存在联系？ **学生活动**　根据自己储备的知识畅所欲言。大致说出特创论、拉马克学说和达尔文学说的基本内容。 **资料呈现**　拉马克学说和达尔文学说的观点。 **学生活动**　比较两者的异同点。认为两者共同点是都认为"现存物种由共同祖先进化而来"。	明确物种的定义是理解本课时概念的前提。教师设置问题让学生展示前概念，进而得出物种的本质属性，为学生进一步学习生物进化理论打下了基础。 学生通过初中阶段的学习已初步掌握了进化论的一些观点。本环节唤醒学生旧知，为寻找证据进行科学论证做好了铺垫。
任务2：基于证据证实当今生物具有共同的祖先	**教师提问**　进化论认为多种多样的物种来自共同的祖先，但这个过程已无法观察到。要检验该观点是否正确，需要提供证据。你有证据吗？ **学生活动**　小组代表交流收集的证据。其他小组质疑或评价证据是否充分。（收集证据的环节于课前完成，确定了主题和方向后，分小组收集。）	教师引导学生基于证据运用科学思维进行论证，让学生初步领悟"科学研究要基于实证"的科学思维。

续表

教学环节	课堂实录	专业点评
任务2：基于证据证实当今生物具有共同的祖先	**师生总结** 根据展示的资料表明生物在个体层次、化石角度都可以找到统一性。 **教师引导** 请比较脊椎动物的同源器官，完善证据链。 **教师追问** 现代生物学已深入到分子水平，并取得了不少研究成果。原核生物和真核生物在DNA、RNA分子结构上具有统一性，我们还可以从生物大分子的哪个角度去寻求相似性？ **学生回答** DNA、RNA中核苷酸排列顺序的相似性。 **呈现资料** 对人与黑猩猩、猫、奶牛、小鼠、果蝇、鸡、香蕉、酵母进行基因组测序，得出了人与其他8种生物基因组相似度的结果。 **教师提问** 人类与这8种生物在基因组方面的相似说明了什么？ **学生回答** 生物体在分子水平有统一模式。 **教师总结** 现存物种总会在一个或者多个层次具有统一性，他们具有许多共同特征，多重证据表明多种多样的现存物种来自共同祖先。	课前收集证据可以提升学生获取信息的能力。学生在课堂中展示交流，小组间展开了质疑与辩论，发展了科学思维。教师引入较新的科学与技术成果，拓展了学生的视野。各小组展示和交流证据后，教师引导学生从不同角度、层次的共同特征进行归纳概括，形成了较为完整的证据链，有力地说明了生物在不同水平上存在着高度的统一性，最终建构了课时概念。

（三）教学反思

本课时的亮点主要体现在：本课时借助单元情境引入，通过"目标—情境—活动—评价"的教学环节，引导学生通过寻找多重证据论证现存生物来自共同祖先。但是学生会直接依据收集到的证据发表观点，缺少推理解释的过程，而且由于证据不充分，一开始得出的观点也不一定完全正确，因此我要鼓励学生大胆质疑与反驳，在整个过程中不断地完善、发展科学思维。

本课时存在的不足之处：在小组交流呈现证据的环节中，我对学生批判反思能力的训练还不够，主要原因是我在教学过程中问题引导不及时，对论证式教学的理解比较浅显、不够深入，从而导致本应最精彩的环节比较死板、生硬。这些问题在后续实践中要继续改进。

（四）总体评析

"丰富多样的现存物种来自共同祖先"是本课时的基本内容，也是本单元的基础。本课时教师呈现了多方面的证据，从实证的角度让学生理解当今各种生物是由共同祖先逐渐进化而来的。

1.单元情境有利于整体结构化教学的开展。

单元教学需以单元情境为载体，以问题的解决为线索推进，逐步建构大概念"生物的多样性和适应性是进化的结果"。本课时作为单元的开篇，教师首先用视频展示一个奇异、浩瀚的生命世界为单元情境，非常真实、有效。一是该情境容易激发学生的兴趣和思考，二是这个单元情境的信息很丰富，蕴藏着不同生存环境下多层次的生物多样性、生物的适应性等。教师从不同角度设计问题，引导学生思考，驱动后续重要知识的产生。因此本单元情境的创设，有利于开展单元整体结构化的学习活动。

2. 引导学生主动收集证据。

研究生物进化属于历史范畴的课题，由间接的证据获得结论是唯一的方法。本课时教师要求学生在课前收集有关证据，然后在课堂中进行充分的展示和交流，让学生基于证据进行科学思考并证明自己的观点，将他们的思维聚焦到探索生物的统一性上，以此激发学生学习的主动性，同时也让学生体验科学研究要基于实证的范式。学生自由发言时呈现的证据的层次不太清晰，教师从分子水平、细胞水平、器官水平等层次进行整理，互为补充，相互印证，形成较充分的证据链，为本课时概念建构提供了有力的支持，发展了学生的科学思维。

3. 改进建议。

基于证据进行逻辑推理得出结论是本课时的关键。本课时学生利用证据推理和表述理由的过程中，有个别地方略显不够充分。因此，教师应加强引导学生在观点和证据之间建立逻辑联系，同时引导学生整理证据。例如，提示学生采用列表格对比的方式，呈现不同类别生物在细胞生物学和分子生物学上的共同特征等。

（本课时由浙江省丽水二中赵瑞英老师执教）

课时2　适应是自然选择的结果（1）

（一）课时概念解析

本课时的概念为"适应是自然选择的结果"，该概念的建构需要以下基本概念或证据的支持。

1. 种群内普遍存在着变异。
2. 优势性状的个体在特定环境中具有生存和繁殖的优势。
3. 在自然选择的作用下，种群的基因频率会发生定向改变，导致生物性状朝着一定的方向发展。

(二)课堂实录

教学环节	课堂实录	专业点评
承接单元情境,提出核心问题	教师引导　引导学生关注单元情境视频中的生物变异类型。 提出核心问题　来自共同祖先的生物如何进化出形形色色的不同物种呢?环境对生物的演变存在什么样的影响?	教师从单元情境过渡到课时核心问题,激发了学生的兴趣,引入了新课教学内容。
任务1:建构概念"种群内普遍存在变异"	教师提问　研究物种的演变过程,离不开对特定区域物种的观察和分析。结合初中所学的知识,同学们还能回忆起"分布在同一区域的同种生物"称为什么吗? 学生回答　种群。 教师提问　下面咱们来看看这两句话描述的是不是种群:①校园一个池塘里的所有鲤鱼。②曼彻斯特地区的所有桦尺蠖。 师生总结　学生判断后,师生共同概括种群的概念。 教师提问　教室里的所有人是不是一个种群? 学生活动　思考后表达不同的看法并说明理由。最后大部分同学认为这不是一个种群,理由是不在自然区域。 教师追问　假如现在让教室里的所有人都到草坪上去,是不是就可以称为种群了? 学生活动　思考交流,表达观点并说明理由,最后得出结论:这群人不是"生活"在这个草坪上,所以不能称之为种群。 教师小结　所以,种群不仅是物种的存在单位,也是物种的繁殖单位。 教师提问　在理解种群概念后,请思考:种群中的个体性状特征都相同吗?你的观点是什么? 呈现资料　人有23对染色体,所含基因在35000对左右。每种生物的个体平均约有10%的基因座位是杂合的。物种可能平均有30%左右的座位上有不同的等位基因。这些等位基因通过有性生殖可以形成数量巨大的基因型。 教师提问　资料中的数据能为你的观点提供证据吗?可遗传的变异还有哪些来源? 学生活动　阅读并分析材料,进行组内交流,解决上述问题。	通过设问暴露学生关于种群的前概念,学生在现有知识的基础上,进一步完善种群的概念,为进一步学习现代进化理论做了铺垫。 资料分析可以让学生理解种群中存在大量的变异,回顾可遗传变异的来源,为理解可遗传变异为自然选择提供原材料做好了铺垫。
任务2:建构概念"优势性状的个体在特定环境中具有生存和繁殖的优势"	教师提问　每个种群都生活在特定的环境中,性状特征有差异的个体生存和繁殖能力都相同? 学生活动　结合长颈鹿图片,尝试说出在低处、缺乏食物的环境中,长颈鹿种群中长颈个体具有更大的生存和繁殖概率。	情境可以帮助学生理解在特定环境中,优势性状的个体具有生存和繁殖的优势。

续表

教学环节	课堂实录	专业点评
任务3：建构概念"自然选择导致生物的适应"	**教师提问** 环境会对不同性状特征的个体产生不同的影响，环境如何影响生物性状的发展方向？我们不妨来看人工环境中的情形。 **呈现资料** "如何挑选萨摩耶犬"的视频。 **学生活动** 观看视频，自主阅读教科书第128页，以萨摩耶的培育为例，尝试解释人工选择的过程。 **教师提问** 同学们能从教科书中提取关键词来描述人工选择的过程吗？ **师生建构** 师生共同建构人工选择的过程图，如图5-3所示。 第一代个体 → 选择 → 较符合要求的个体 → 繁殖 → 第二代个体 → 选择 → 更符合要求的个体 → 繁殖 微小变异 —积累/形成→ 显著变异 图5-3 人工选择的过程 **过渡** 在自然界，是否也存在一种类似人工选择的过程呢？大家请看桦尺蠖的例子。 **学生活动** 模拟探究自然环境是如何推动桦尺蠖种群的体色改变。 模拟材料：白色小纸片——模拟浅色桦尺蠖；黑色小纸片——模拟深色桦尺蠖；白色卡纸——模拟未污染的环境；黑色卡纸——模拟工业污染后的环境。 **活动提示** 在白色或黑色卡纸上放上若干白色小纸片和黑色小纸片，模拟桦尺蠖种群在浅色或深色环境下的存在情况。（注意：无字母的一面朝上，数量自定。） **小组交流** 小组交流以下问题：①在不同颜色的卡纸上，两种体色的桦尺蠖可以随机摆放吗？数量怎样才更合理？②哪些小组的模型更科学？为什么？ **教师追问** 我们的分析是否有道理？请根据桦尺蠖在不同地区的释放和回收实验进行分析。 **师生总结** 师生共同归纳，对模型进行适当的修正。 **教师提问** 随着时间的推移，种群中不同体色的个体比例会发生怎样的变化？ **学生活动** 建构曲线图。	日常生活实例可以帮助学生理解人工选择的目的、过程和结果，让学生初步感知"选择会导致生物的适应"。 物理建模、交流评价、模型修正等过程可以帮助学生从宏观层次体验自然选择会导致生物性状朝一定的方向发展。

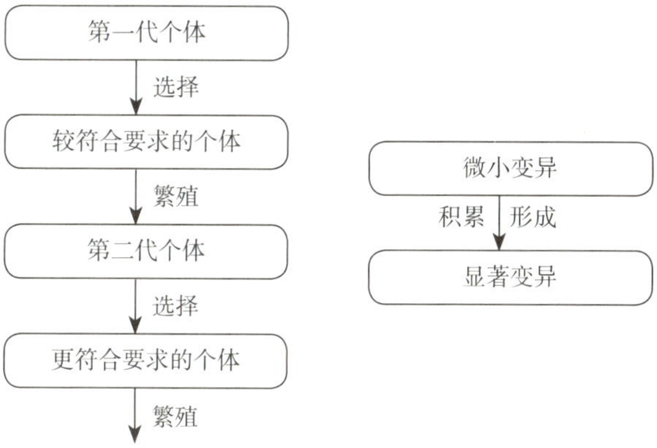

续表

教学环节	课堂实录	专业点评
任务3：建构概念"自然选择导致生物的适应"	**过渡** 通过前面模拟活动，我们知道自然选择直接作用的是生物个体，是表型。但是，个体都会死亡，再优势的性状也会随着个体的死亡而消失，但相关基因会通过生殖在群体中延续。因此研究生物的进化，不能局限于表型，必须深入到种群的基因组成。 **学生活动** 将每张小纸片有字母（基因型）的一面朝上，观察基因型，结合教科书第131页第一自然段的内容，自主学习，小组合作，解决以下问题：①什么是基因库？什么是基因型频率和基因频率？②在你们组的种群中，SS、Ss、ss的基因型频率和S、s的基因频率分别是多少？③比较不同颜色卡纸上S、s的基因频率，你有什么发现？④如果优势性状的个体每年增加10%，劣势性状个体每年减少10%，在你的种群中，下一代的基因频率又会发生怎样的变化？ **教师引导** 引导学生得出结论：自然选择直接选择的是性状，实质上选择的是基因。通过自然选择，具有优势性状的个体在种群中所占比例将会增加，同时，控制优势性状的基因在基因库中的频率会上升。 **教师引导** 引导学生在人工选择过程图解的基础上，提炼自然选择的过程图解，如图5-4所示。 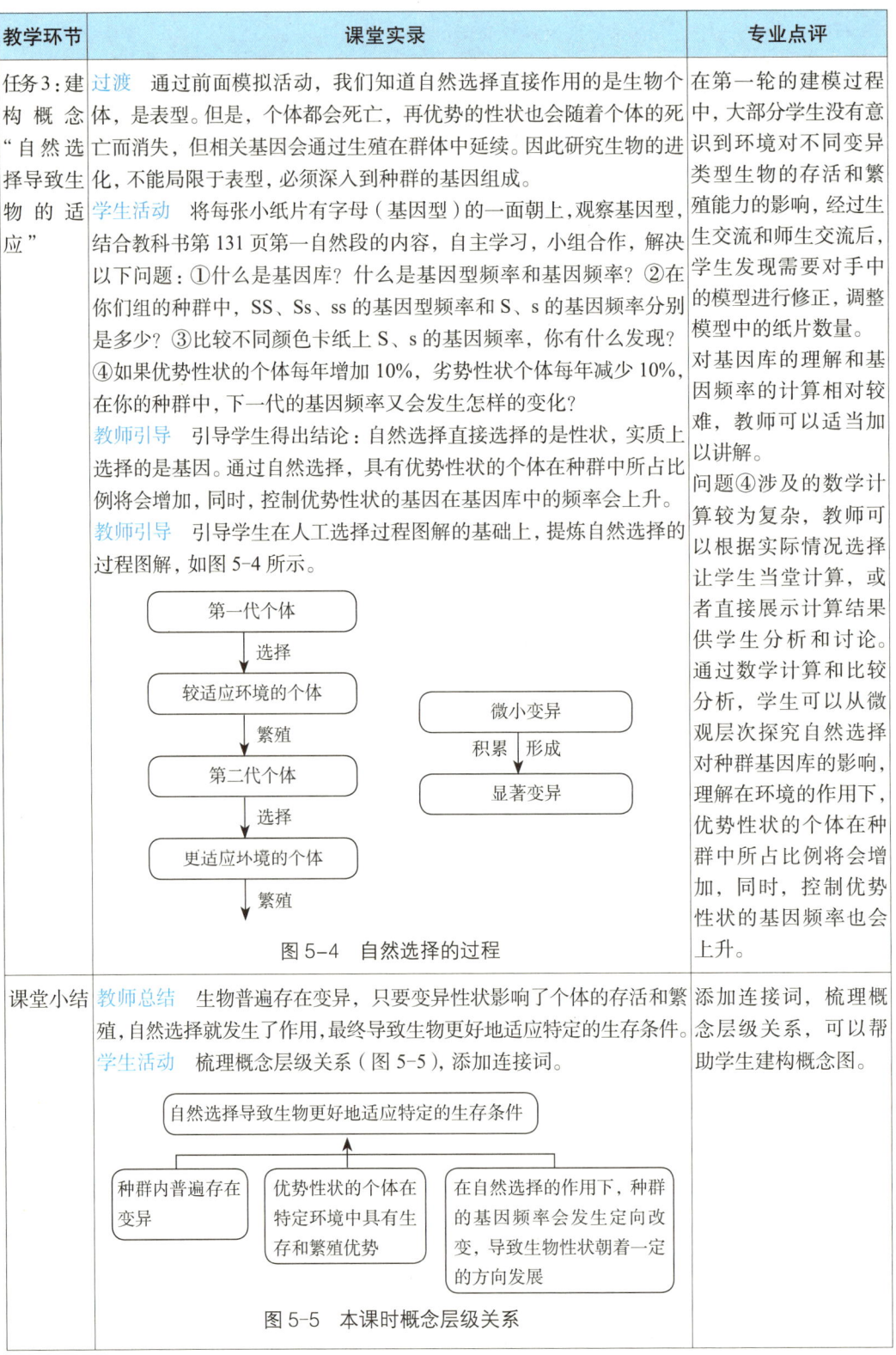 图5-4 自然选择的过程	在第一轮的建模过程中，大部分学生没有意识到环境对不同变异类型生物的存活和繁殖能力的影响，经过生生交流和师生交流后，学生发现需要对手中的模型进行修正，调整模型中的纸片数量。 对基因库的理解和基因频率的计算相对较难，教师可以适当加以讲解。 问题④涉及的数学计算较为复杂，教师可以根据实际情况选择让学生当堂计算，或者直接展示计算结果供学生分析和讨论。通过数学计算和比较分析，学生可以从微观层次探究自然选择对种群基因库的影响，理解在环境的作用下，优势性状的个体在种群中所占比例将会增加，同时，控制优势性状的基因频率也会上升。
课堂小结	**教师总结** 生物普遍存在变异，只要变异性状影响了个体的存活和繁殖，自然选择就发生了作用，最终导致生物更好地适应特定的生存条件。 **学生活动** 梳理概念层级关系（图5-5），添加连接词。 图5-5 本课时概念层级关系	添加连接词，梳理概念层级关系，可以帮助学生建构概念图。

(三)教学反思

本课时的亮点主要体现在4个方面：一是根据概念的层级关系对课时概念进行解构，明确次位概念，并结合课时情境将各个次位概念建立逻辑联系，形成明晰的教学主线。根据教学需要微调教科书的内容，本课时我重点带领学生从宏观到微观层面理解自然选择对生物性状发展方向的影响，教学活动层层递进，环环相扣。二是由单元情境引出本节核心问题，以解决问题为导向设计教学活动。针对本课时的三个次位概念依次创设三个重要问题：种群中的个体性状特征都相同吗？性状特征有差异的个体生存和繁殖能力都相同吗？环境如何影响生物性状的发展方向？以问题导活动，以活动促概念，并通过这三个次位概念的学习支撑起上位概念"适应是自然选择的结果"。三是通过建构物理模型和充分利用数学方法，发展学生的科学思维和探究能力，学生手脑并用，能针对生物学现象提出自己的观点，并尝试寻找合适的证据进行推理和论证。四是通过创设问题串搭建学生的思维支架，及时帮助学生突破学习中的难点。及时关注课堂生成，比如在种群概念的辨析、关于自然选择对桦尺蠖的物理建模过程中，我充分给予时间让学生表达所思所想，并及时给予关注和评价。

本课时存在的不足之处：由于模型建构和探究活动所需时间较多，所以课堂教学时间稍显不足，评价环节过于仓促，后续我可以尝试将课时评价放在课后完成。其次，我在进行充分的过程性评价方面还有待加强。模型建构活动由于材料受限，可统计的样本数偏少，科学性有待提高。

(四)总体评析

建构概念"适应是自然选择的结果"需用两个课时完成，本课时为第1课时，聚焦自然选择，从个体层次到种群层次，从性状水平到基因水平，在达尔文自然选择的基础上，逐渐深化对进化理论的认识。

1. 充分利用学生的前概念。

具体概念的正确理解是前提，如果具体概念不明确，必然影响重要概念和大概念的理解，将不能形成正确的生命观念，同时也不能运用这些概念进行正确的思考，因此明确具体概念的本质属性和例证十分重要。关于自然选择学说，学生在初中时已有初步了解，也可以通过多种途径了解这些内容，但这些认识都比较粗浅甚至可能存在错误，因此充分利用这些前概念建构本课时的科学概念十分必要。本课时教师关注学生的前概念，如在"种群"名词辨析中，针对学生的模糊认识，逐步引导学生明确"生活""自然区域""同种""全部"等的内涵，为后续种群变异、种群基因库和基因频率的学习奠定基础。

2. 开展模拟活动理解核心内容。

本课时的核心是自然选择导致适应，为了让学生直观体验抽象的自然选择及其影响，促使学生主动参与，教师设计了关于"自然选择"的模拟活动，并在代表性状的黑白纸片后面标注了相应的基因型，由此巧妙地引导学生理解为什么研究进化的对象是种群，为什么进化的本质是基因频率的变化，为进一步深入学习生物进化的本质打好基础。同时在活动中，教师注重生成性评价和生生互评，以此促进学生的发展。

3. 通过实验证据和数学方法建构概念。

达尔文自然选择学说建立的方法基本上是描述和比较，而现代生物进化论是建立在实验和定量分析的基础上，因此教师让学生通过利用证据论证的方式建构概念。例如，学生利用种群内存在变异的事实和孟德尔定律，推理得到种群内普遍存在着巨大变异的可能性，从而理解了可遗传变异是自然选择的前提。再如，教师对桦尺蠖工业黑化的实验证据进行论证，形成自然选择使生物性状朝一定方向发展的观点。关于基因频率的变化，教师借助"用数学方法讨论自然选择使种群基因频率发生变化"活动引导学生使用数学方法定量讨论基因频率的变化。

4. 改进建议。

一是开展模拟活动的要求应更加明确。本课时要求学生模拟某一特定环境中两种桦尺蠖的存在情况，从学生的表现看，多数小组并没有领会本模拟活动的意图。二是在"用数学方法讨论自然选择使种群基因频率发生变化"活动中，由于时间限制，本课时只计算了一代，活动开展不够充分，应该让学生持续计算三代，再从中发现规律形成共识，这样更有利于体验知识产生的过程。

（本课时由浙江省缙云中学张小芳老师执教）

课时3　适应是自然选择的结果（2）

（一）课时概念解析

本课时概念为"适应是自然选择的结果"，该概念的建构需要以下基本概念或证据的支持。

1. 自然选择、突变、基因迁移等多种因素使种群的基因频率发生变化。
2. 在随机交配的种群中，种群的基因频率和基因型频率保持稳定。
3. 隔离导致异地物种和同地物种的形成。

（二）课堂实录

教学环节	课堂实录	专业点评
承接课时2活动情境，开展任务1：讨论改变遗传平衡的因素	**承接情境** 上一课时，大家通过活动模拟了桦尺蠖的自然选择，在树干变黑的情况下，黑色的蛾会比浅色的蛾更好适应环境。假设桦尺蠖体色由一对等位基因（S、s）控制，种群的基因型频率SS 10%、Ss 20%、ss 70%，种群中浅色个体（ss）每年减少10%，黑色个体（SS、Ss）每年增加10%，第1—5年间，该种群的基因频率如图5-6所示，则树干黑化起了什么作用？这种作用对S和s基因频率的影响是怎样的？ 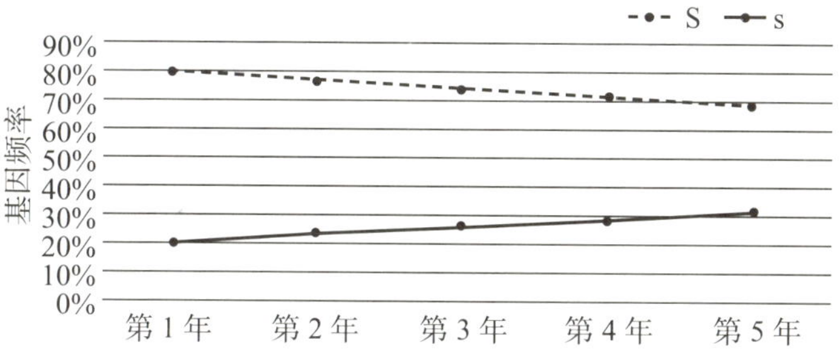 图5-6 桦尺蠖种群基因频率的变化 **学生回答** 树干黑化起了自然选择作用，S的基因频率上升，s的基因频率下降。自然选择导致种群基因频率发生定向的改变。 **过渡** 那除了自然选择对种群的基因频率造成影响，还有其他的因素吗？我们接着讨论以下情形，桦尺蠖种群中控制黑色的S和控制浅色的s基因频率如何变化？ **学生活动** 有10%的个体基因型由SS突变成Ss，S的基因频率下降，s的基因频率上升。由于工业减碳，森林环境变得越来越好，吸引了大批浅色蛾的迁入，S的基因频率下降，s的基因频率上升。在一个小的种群中，浅色蛾幼年的存活率更低，S的基因频率上升，s的基因频率下降。黑色蛾更容易被雌蛾所吸引，产生更多的后代，S的基因频率上升，s的基因频率下降。 **教师引导** 哪些因素导致基因频率发生改变？ **学生归纳** 突变、基因迁移、遗传漂变、非随机交配、自然选择等。	承上启下，师生共同回顾桦尺蠖的自然选择，定量揭示了自然选择导致种群基因频率发生定向改变，为进一步探讨进化的实质打好了基础。 基于具体情境的讨论，教师引导学生发现改变遗传平衡的因素，建构了"自然选择、突变、基因迁移等多种因素使种群的基因频率发生变化"这一课时概念。
任务2：建构遗传平衡的概念	**教师设疑** 假如没有上述因素的影响，桦尺蠖种群的基因型频率为SS 80%、Ss 20%，不同体色的个体生存和繁殖能力相同，计算随机交配三代，各世代的基因型频率和基因频率。（控制黑色的是S基因，控制浅色的是s基因；配子法计算。） **学生活动** 配子法计算各世代的基因型频率和基因频率，并将计算结果填入表5-1中。	数学情境可以引导学生通过小组合作定量计算桦尺蠖种群随机交配三代的基因型频率和基因频率，引导学生建构"在随机交配的

续表

教学环节	课堂实录	专业点评
任务2：建构遗传平衡的概念	表 5-1 桦尺蛾各世代的基因型频率和基因频率 | 代数	D(SS)	H(Ss)	R(ss)	p	q | |---|---|---|---|---|---|
第0代	0.8	0.2	0	0.9	0.1
第1代					
第2代					
第3代					| **教师提问** 大家分析填入表格中的数据，发现了什么？ **学生回答** 基因型频率和基因频率各世代保持不变。 **教师引导** 在随机交配的种群中，种群的基因频率和基因型频率保持稳定，这就是遗传平衡定律。种群处在遗传平衡状态下，从进化角度分析，这说明了什么？ **学生回答** 该种群没有发生进化。 **教师提问** 遗传平衡现实条件下存在吗？若不存在，如何修正遗传平衡定律？ **学生回答** 不存在，在一个大的随机交配的种群里，基因型频率和基因频率在没有突变、迁移、漂变、选择的情况下，世代相传，不发生变化，即遗传平衡定律。 **教师提问** 生物种群进化的标志是什么？有哪些因素会导致种群的进化？ **学生回答** 种群基因频率的改变。突变、迁移、漂变、自然选择、非随机交配等。 **教师归纳** 树干黑化导致桦尺蛾种群S的基因频率上升，s的基因频率下降，桦尺蛾种群发生了进化，并且S基因控制的性状更加适应环境。	种群中，种群的基因频率和基因型频率保持稳定"这一概念的学习，为进一步揭示进化的实质做准备。 教师引导学生归纳总结，帮助学生修正和完善遗传平衡定律的前概念。学生阐述了进化的实质和因素、自然选择导致适应性进化，深化了进化与适应观。
任务3：讨论异地物种的形成	**过渡** 桦尺蛾的天敌是鸟类，我们可以利用鸟类进行生物防治，减少桦尺蛾对桦树的危害。接下来我们一起来到加拉帕戈斯群岛，看看生活在这里的达尔文地雀。大家在观看视频的时候，比较这些地雀在体形、体色和鸟喙等方面有什么不同。 **学生活动** 观看视频，比较并陈述达尔文地雀在体型、体色和鸟喙之间的不同。 **教师设疑** 加拉帕戈斯群岛位于南美洲附近的太平洋中，500万年前由海底火山喷发形成。观察地图猜测这些地雀的起源。 **学生推测** 南美大陆。 **教师设疑** 如何找到南美大陆达尔文地雀的近缘物种或祖先？ **教师引导** 生物界在个体和生物大分子等层次上存在着统一的模式。 **学生回答** 形态学和DNA序列等方面。	教师提供视频和地图引导学生观察并大胆假设。教师进一步提供证据并设疑，引导学生演绎推理原始的莺雀种群是如何演化成加拉帕戈斯群岛不同的地雀物种。

续表

教学环节	课堂实录	专业点评
任务3:讨论异地物种的形成	**呈现资料** 达尔文地雀的形态,以及建构的系统发生关系均支持达尔文地雀的祖先起源于南美大陆的莺雀。 **教师设疑** 随大风迁移而来的莺雀种群是如何演化成不同物种的? **学生活动** 小组讨论演化过程,小组代表发言。其他小组质疑修正。 **呈现资料** 随大风迁移而来的莺雀分散在不同的岛屿上,这些岛屿之间隔着相对较远的距离,彼此之间存在地理隔离,很少有基因交流,莺雀形成了不同的种群。由于岛屿间的资源不同,自然选择的方向也不一样,所以种群间的遗传差异不断积累,最后达到种群间的生殖隔离,这样新物种就形成了。 **学生活动** 建构异地物种形成机制模型。教师呈现关键词:地理隔离、自然选择、遗传差异积累、生殖隔离、新物种形成。小组建构的模型如图 5-7 所示。 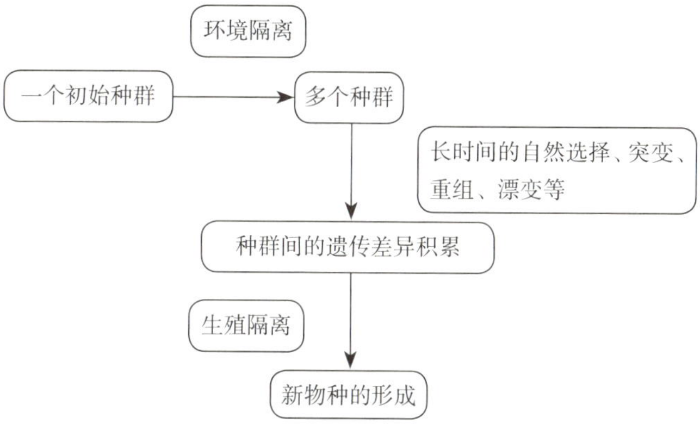 图 5-7 异地物种的形成机制	小组合作完成了渐进式的物种形成机制模型,从种群范围和基因水平对物种形成进行解释,形成概念,可以培养学生的进化与适应观。
任务4:讨论同地物种的形成	**教师设疑** 生态学家在人工饲养达尔文地雀时,发现达尔文地雀偶尔也会啄食西瓜的果肉和种子。请回顾三倍体无籽西瓜的培育过程。四倍体西瓜是否为新物种?为什么?这种新物种的形成机制是怎样的? **学生活动** 四倍体西瓜是新物种,因为四倍体西瓜和二倍体西瓜有生殖隔离,杂交出来的三倍体西瓜是不育的。染色体数目加倍导致了异地物种的形成。	教师引导学生利用已有知识判断四倍体西瓜是否为新物种,认识了同地物种的形成机制,完善了进化与适应观。
任务5:评价与反馈	**评价** 科学研究:某进化学家对达芙妮小岛上的两种地雀,即勇地雀和大嘴地雀进行了连续多年的观察和研究。该岛上开始只有勇地雀,其主要食物是较小的种子。但1976—1978年持续的干旱使得一些植物严重减产,这迫使勇地雀中的一些成员改食其他种子。随着气候逐渐好转,岛上充足的食物吸引了同样喜好大种子的大嘴地雀的光顾。由于大嘴的勇地雀斗不过大嘴地雀,选择的压力迫使勇	

续表

教学环节	课堂实录	专业点评
任务5：评价与反馈	地雀继续回去吃小种子。1975—2005年，勇地雀喙的尺寸变化如图5-8所示。大嘴地雀和小嘴地雀、勇地雀和大嘴地雀的关系是什么？大嘴比小嘴性状有何优势？1976年以后，勇地雀鸟喙的平均尺寸是怎样变化的？造成这种现象的原因是什么？ 图5-8 1975—2005年达芙妮小岛上勇地雀鸟喙大小的变化 学生回答　大嘴勇地雀和小嘴勇地雀是种内竞争关系，勇地雀和大嘴地雀是种间竞争关系，大嘴适合吃大种子，小嘴适合吃小种子。1976—1978年，勇地雀喙的尺寸逐渐变大。原因是1976—1978年持续的干旱使得一些结小种子的植物严重减产，这迫使勇地雀中的一些成员改食大种子。1978年以后，勇地雀的喙尺寸大体上逐渐变小。原因是其与大嘴地雀的竞争处于不利地位，选择压力迫使它们继续吃小种子。	科学家的研究成果可以引导学生分析和讨论种内竞争和种间竞争现象，结合达芙妮小岛的气候变化分析与处理数据，尝试解释勇地雀喙尺寸变化的背后原因，进一步帮助学生建构"适应是自然选择的结果"这一概念，支撑学生形成结构与功能观、进化与适应观等生命观念。
任务6：探讨生物进化对人们思想观念的影响	任务　课后利用互联网收集生物进化理论发展的资料，探讨生物进化对人们思想观念的影响。	本任务针对课时目标进行检验和反馈。

（三）教学反思

本课时的亮点主要体现在：本课时设计了"情境—任务—活动—评价"的课时教学主线，开展"适应是自然选择的结果"概念教学。本课时从"桦尺蠖工业黑化"和"达尔文地雀"情境入手，创设4个任务，引导学生通过小组合作的方式建构课时概念。在学生获得新概念后，我引导学生尝试解释勇地雀喙尺寸变化的背后原因，评价学生在新情境中的应用迁移能力以及学习过程中的自我认知意识，从而使浅层学习走向深度学习。

本课时存在的不足之处：在教学过程中，学生的活动停留在浅层学习，需要我进一步去深度内化。

（四）总体评析

建构概念"适应是自然选择的结果"需用两个课时完成，本课时为第2课时，聚焦遗传平衡、物种的形成，从分子水平阐述生物进化的本质，并综合运用现代生物进化理论对进化现象进行解释。本内容思辨性强，有一定的学习难度。

1. 调整教科书内容次序以利于建构概念。

因为本课时是第2课时，所以设计上延续第1课时，继续探讨影响种群基因频率的因素，然后用数学方法推导遗传平衡定律，最后概括影响遗传平衡的因素即推动生物进化的因素。调整教科书内容次序，使两节课的设计思路更有逻辑性，有利于学生形成"进化的本质是遗传物质的改变"这一观念。

2. 呈现真实案例。

生物进化过程很难在实验室里重复并验证，但仍有极少数的案例可用来观察和检验，如达尔文地雀的适应辐射。本环节设计很巧妙，教师用视频创设情境，展示达尔文地雀在不同环境中的适应性，让学生进行感性体验，直观感受不同地雀的栖息环境、食物与喙形的差异，有效激发思维。在此基础上，教师还提供了形态学和分子遗传学的证据，以便学生结合现代进化理论进行解释。

3. 建构现代生物进化理论的解释模型。

现代生物进化理论概念性知识多、逻辑性强。在学生对加拉帕戈斯群岛上14种地雀形成过程进行了交流和讨论后，教师进一步提出要求，用关键词建立概念图。这其实是在引导学生建立现代生物进化理论的解释模型，对前面所学内容进行梳理和概括，使现代生物进化理论结构化和直观化，便于迁移应用。然后学生利用该概念模型解释新情境"达芙妮小岛两种地雀的演化"，教师以此作为学习效果的检测和评价。

4. 改进建议。

一是在建构渐进的物种形成方式解释模型时，对种群内存在的变异、种群基因频率如何改变等概念强调不充分，因此建议教师强调种群内不定向的可遗传变异、地理隔离导致不同种群基因频率的差异累积等内容，对解释模型进行补充和完善。二是在布置课后任务时，教师缺乏必要的指导，应对收集主题和方法等做出提示。

（本课时由浙江省遂昌中学吴孝友老师执教）

课时 4　生物多样性为人类提供资源与适宜环境

(一)课时概念解析

本课时的概念为"生物多样性为人类提供资源与适宜环境",该概念的建构需要以下基本概念或证据的支持。

1. 生物进化导致生物多样性的产生。
2. 生物多样性包括物种多样性、遗传多样性以及生态系统多样性。
3. 人类活动会影响生物多样性,生物多样性也会影响人类生存。

(二)课堂实录

教学环节	课堂实录	专业点评
承接单元情境,提出核心问题	**核心问题**　关注单元情境视频中不同的环境和生物。什么是生物多样性?生物多样性与人类有什么关系?	教师从单元情境过渡到本课时的学习,强调了单元整体。
任务1:建构生物多样性的概念	**教师设疑**　大家从视频中看到了什么? **学生活动**　回忆并描述视频中不同层次的情境。①地球上存在各种各样不同类型的生态系统,如森林、海洋、草原等。②地球上数以百万计的动物、植物和微生物物种。③物种体内所包含的全部遗传物质,地球上生物所携带的全部遗传信息的总和。 **教师总结**　总结学生的回答,并提出生物多样性的概念及层次。 **呈现资料**　为了了解不同地区生物多样性的情况,通常会对不同地区的生物多样性进行调查。呈现"生物多样性状况的分级标准"。 **教师提问**　生物多样性等级高的状况是怎样的?由此推知生物多样性的核心是什么?在阐述物种多样性丰富程度时,常用的测量指标是什么? **学生活动**　思考、讨论并回答问题。	梳理生物多样性概念以及生物多样性的层次,可以帮助学生从具体情境中建构概念。 学生对物种多样性是生物多样性的核心的掌握,为后面物种灭绝、保护生物多样性的学习做好了铺垫。
任务2:建构生物多样性的形成机制	**教师提问**　同学们能否利用前面学习的知识,通过阅读教科书第141页"小资料"了解不同的进化现象。再判断不同的进化现象,并从进化的角度解释生物多样性形成的原因。 **学生活动**　思考、阅读、讨论并回答问题。 **呈现资料** 实例1:大彗星风兰的长花距与非洲长喙天蛾长口器。	教科书"小资料"的学习可以让学生对进化现象有了更全面的了解,有助于学生建构大概念"生物多样性和适应性是进化的结果"。

续表

教学环节	课堂实录	专业点评
任务2：建构生物多样性的形成机制	实例2：不同祖先的穿山甲和食蚁兽有相似的舌头。 实例3：同一祖先的袋鼹和鼹鼠有相似的身体结构。 实例4：生活在不同环境中的加拉帕戈斯地雀。 学生回答　4种实例分别为协同进化、趋同进化、平行进化、趋异进化。 教师提问　从进化的角度解释一下生物多样性形成的原因。 学生回答　生物的不断进化导致了生物多样性的形成，生物多样性的形成又大大地推动了生物进化。	本环节深化了学生对前面概念的理解和巩固，教师通过梳理进化和生物多样性的关系，可以帮助学生建构大概念"生物多样性和适应性是进化的结果"。
任务3：讨论生物多样性的价值	过渡　生物多样性无处不在，人类生存在多样生物之中，多样的生物肯定也包含着人类。那么，生物多样性对于人类来说，有哪些价值呢？ 播放视频　"生物多样性的价值"视频。 教师提问　视频中罗列了生物多样性的哪些价值？除此之外，还有哪些价值？ 学生活动　观看视频，思考、讨论并回答问题。 学生回答　视频中体现了生物多样性的药用价值、科研价值、生态价值、旅游欣赏的价值。 教师引导　之前我们学习的人工选择过程，人们将原鸡驯化成不同的品种，这个是否也能体现生物多样性的价值？ 学生回答　可以体现选择价值，除此之外，有些人类还认识不清的物种，也存在着潜在价值。 教师总结　生物多样性的价值有三个方面：直接价值、间接价值和潜在价值。如人类食用、药用、工业原料等实用意义的价值和旅游观赏、科学研究和文学艺术创作等非实用意义的价值，这些是直接价值；对生态系统起到重要调节功能体现出的生态价值，属于间接价值；而那些人类目前尚不清楚的价值属于潜在价值。生物多样性的价值是巨大的，人类从生物多样性中得到了所需的全部食物、许多药物和工业原料。	通过观看视频，联系实际，学生可以直观感受到生物多样性的价值之巨大，认同人类不能没有生物多样性，这为下一环节的开展做好了认知和情感上的铺垫。
任务4：讨论生物多样性的保护	过渡　既然生物多样性对人类的价值如此巨大，人类与生物多样性的关系肯定非常紧密，那么人类活动对生物多样性有什么影响？人类是生物多样性的保护者还是破坏者？接下来让我们听听同学们的声音。 学生活动　以"人类是生物多样性的破坏者还是保护者？"为主题进行辩论，持不同观点的学生进行组队，并依次表明观点，对对方的观点进行辩驳。	辩论的形式加深了学生对生物多样性与人类关系的理解，在对立观点的冲击下逐步建构正确的概念，从中渗透了环境保护意识以及参与环境保护宣传和实践的社会责任。

续表

教学环节	课堂实录	专业点评
任务4：讨论生物多样性的保护	教师总结　我们应当清楚地认识当下生物多样性正面临各种威胁，如臭氧层破坏、酸雨、森林锐减、海洋污染、垃圾成灾、物种灭绝，我们在认识到生物多样性严峻现状的同时，也要看到人类也在想方设法地去保护生物多样性。当然生物多样性保护包括两个方面：一是对那些面临灭绝的珍稀濒危物种和生态系统的绝对保护；二是对数量较大的可以开发的资源进行可持续的合理利用。保护是手段，研究和利用是目的，为了保证持续利用，必须强调保护。人类是生物圈的一员，人类只有清楚地认识到我们与其他生物相互制约、相互依赖、相互影响的关系，保护环境和资源，保护生物多样性，才能实现可持续发展！ 教师提问　我们中学生可以为保护生物多样性做些什么？ 学生回答　积极响应国家政策和法律法规，不乱扔垃圾，注意保护环境，积极宣传环保政策，多植树，不吃野味，不买野生制品等。	
课堂小结	教师总结　虽然有很多证据证明当今生物存在共同祖先，但在自然选择作用下，生物更好地适应不同生存条件而发生不同的进化，而生物之间也在适应彼此中发生进化，逐渐就形成了生物多样性和适应性，生物多样性和适应性是进化的结果。 生物多样性是地球生命的基础，也是人类生存和发展的基础。生物多样性不但为人类的衣食住行提供直接来源，对于维持生态平衡、维持生物圈的稳态也发挥着关键的作用，为全人类带来了难以估量的利益。而目前生物多样性正面临各种威胁和挑战，我们应当行动起来，为保护生物多样性做出自己的贡献！	教师联系前几课时的内容，回顾和总结了本课时内容，可以使课时安排更显整体性。
交流评价	呈现资料　百山祖国家公园位于丽水市南部，瓯江源头，整合原凤阳山——百山祖国家级自然保护区、庆元国家森林公园、庆元大鲵水产种质资源保护区等自然保护地及其周边优质自然资源而设立，规划总面积505平方千米，这里生存着中国特有物种——百山祖冷杉，全球野生植株仅存3株，被列为全球最濒危的12种植物之一。 教师提问　①材料中属于哪种保护生物多样性的措施？②为了更好地保护百山祖冷杉，大家有什么建议？ 学生回答　一是就地保护。二是人工繁育扩大野外种群，生境改良促进天然更新，深入研究摸清濒危机制，迁地保护谨防突发事件，加大宣传增加社会关注度。 课后活动　请同学们以小组为单位在校园或社区进行"保护生物多样性"的宣传周活动。	本环节进一步落实了学生的社会责任，促使学生关心自己生活的地区环境，并号召更多人参与到保护生物多样性的行动中。

（三）教学反思

本课时的亮点主要体现在2个方面：一是注重课堂体验，在生生互动中落实社会责任。由于本节内容相对比较简单,给我发挥预留了很大的空间。因此,本课时设计了以"人类是生物多样性的保护者还是破坏者"为主题的辩论赛,充分发挥学生的自主性。通过查阅资料、自主阅读,学生梳理总结了生物多样性的现状和保护生物多样性的内容。在双方辩论的过程中,以学生视角展示不同观点,学生更易接受并形成保护生物多样性的意识。最后,通过评价活动,联系自身实际和所处地区,我引导学生在生活中履行保护生物多样性的社会责任。整个学习活动以学生为主体,给学生提供了展示平台。二是注重单元整体,在真实情境中建构概念。本课时充分利用了单元情境,打通各课时,从单元情境的导入到前几课时情境的应用,均体现了整体性,同时我将单元情境适当延伸,适当补充本课时,如展示生物多样性价值的视频。另外,在对本课时内容进行总结的同时,我结合单元内容建构了单元的概念框架,有利于学生形成完整的知识体系。

本课时存在的不足之处:一是未充分重视学生的前概念。很多学生容易把物种多样性当成生物多样性,我未能进一步追问:同一物种内有没有多样性?非生物环境有没有多样性?以让学生进一步完善概念,由此建构新的概念。二是未能充分考虑学生的参与度。可能由于现场录制的原因,学生略显拘谨,同时学生辩论经验不足,辩论过程有些放不开,观点论证不充分,这在一定程度上影响了课堂效果,我应该在课前多引导、多指导。三是缺少课堂实践的机会。本课时要帮助学生养成保护多样性的意识和行为,履行保护生物多样性的社会责任和目标。但这仅依靠阅读讲解、梳理总结是很难达成的,因此我需要在课后给学生提供实践的机会,在活动中体验并实现上述预期。

(四)总体评析

生物进化的结果导致了适应性和多样性,本课时主要围绕生物的多样性展开,学习内容难度不大,是必修模块中形成环境保护意识的重要素材。

1. 深化进化与适应观。

教师利用单元情境提出问题,概括出生物多样性的层次以及基本含义,运用前面所学的现代生物进化理论,以教科书"小资料"为学习资源,帮助学生理解生物与生物之间,以及生物与环境之间相互作用、共同进化的现象,即理解生物进化中关于大进化的问题。如此设计,有利于深化学生对"进化与适应观"的理解。

2. 采用辩论等形式渗透社会责任。

本课时的重要目标之一是养成保护生物多样性的意识和行为,履行保护生物多样性的社会责任,这样的目标仅靠阅读、讲解和总结是很难达成的。本课时教师别出心裁,确立辩题"人类是生物多样性的保护者还是破坏者",以辩论的形式充分发挥学生的自主性,让观点产生碰撞。学生通过收集资料、展开辩论,阐述了人类的生产实践活动与生物多样性的辩证关系,认同保护生物多样性的重要性,形成环境保护意识,教师则进一步呼吁学生参与宣传环境保护活动，以此养成环境保护的习惯。本课时教师还以本地的百山祖国家公园为情境设置评价任务，引导学生关注身边的具体事例，体现教师对培养学生社会责任感的重视。

3. 改进建议。

一是要重视利用前概念建构科学概念。例如关于生物多样性，学生很可能把它等同于物种多样性，教师要提供机会让学生暴露这些已有的前概念，然后充分利用这些资源，实现概念的转化。二是在开展辩论活动时，因为时间所限，没有让很多学生表达观点，导致真正参与的学生人数并不多。为了避免让多数的学生充当吃瓜群众，建议教师开发辩论评价表，让其他学生认真观察和思考，对辩手或辩论团队进行评价，让所有学生以不同的形式参与活动。

（本课时由浙江省青田中学邹立凡老师执教）

主要参考文献

1. 张大海.运用"主张表"策略开展论证式教学的尝试与思考[J].中学生物教学,2015,(3):24-26.

2. 钟国华,陈永,杨红霞,等.昆虫辐照不育技术研究与应用进展[J].植物保护,2012,38(2):12-17

3. 杨大祥.减数分裂的研究历史[J].生物学教学,2007,32(1):61-63.

4. 曹慧莉.以科学史为载体培养学生理性思维的教学实践研究——以"染色体变异"教学为例[J].中学生物学,2020,36(12):30-31.

5. 潘明凤.基于生物学科核心素养的概念教学实践——以"光合作用的过程"为例[J].中学生物学,2019,35(4):31,47.

6. 周初霞.聚焦生物学重要概念的单元整体教学设计实践研究[J].生物学教学,2019,44(4):7-10.

7. 刘佳瑀,刘诗颖,杨云,等.黑腹果蝇品系纯合体杂交后代翅型变异的遗传分析[J].世界科技研究与发展,2011,33(3):380-383.

8. 侯伟荣.橘小实蝇遗传性别品系的建立及雄性不育技术的研究[D].福州:福建农林大学,2008:11-14.

9. 张颖之,刘恩山.核心概念在理科教学中的地位和作用——从记忆事实向理解概念的转变[J].教育学报,2010,6(1):57-61.

10. 陈宏.浅析高中生物教学中生命观念的培育策略[J].中学生物学,2018,34(11):69-70.

11. 张春兴.教育心理学 三代取向的理论与实践[M].杭州:浙江教育出版社.1998.

12. 余文森.论"读思达"教学法[J].课程·教材·教法,2021,41(4):50-57.

13. 南希·弗雷.教师如何提高学生小组合作学习效率[M].北京:中国青年出版社,2016.

14. 盛国跃.以2019-nCoV为题材的高中生物学教学应指向概念[J].中学生物教学,2020,(6):10-12.

15. 张坤,平亚茹.生物实验教学如何培养学生的理性思维[J].北京教育(普教版),2019,(12):80-81.

16. 徐先荣,付迎春.建构主义学习理论的教育意义[J].长江大学学报(社会科学版），2009，32（2）：236-237.

17. 黄晓，高琦，郭泓霖."历史—探究—反思"的科学本质教学实证研究[J]. 教育科学研究，2019，（2）：18-20，57-63.

18. 王美，郑太年，裴新宁，仝玉婷. 重新认识学习：学习者、境脉与文化——从《人是如何学习的 II》看学习科学研究新进展[J]. 开放教育研究，2019，25（6）：46-57.

19. 中华人民共和国教育部. 普通高中生物学课程标准（2017版2020年修订）[M]. 北京：人民教育出版社，2020.

20. 刘祖洞，乔守怡，吴燕华，等. 遗传学（第3版）[M]. 北京：高等教育出版社，2012.

21. 张昀. 生物进化（重排版）[M]. 北京：北京大学出版社，2018.

22. 邓文洪，郑光美. 达尔文雀与生物进化[J]. 生物学通报，2005，40（2）：1-5.